没有三星堆和金沙对古蜀文化的保存与发散，

中国文化就少了许多活跃的动能，

如同没有川菜川味，

我们就谈不上品味中国滋味一样。

考—————————金
古—————————沙

探寻古蜀人的信仰世界

王仁湘　张征雁　著

巴蜀书社

图书在版编目（CIP）数据

金沙考古：探寻古蜀人的信仰世界 / 王仁湘, 张征
雁著. -- 成都：巴蜀书社, 2022.6（2024.9重印）

ISBN 978-7-5531-1617-4

Ⅰ.①金… Ⅱ.①王… ②张… Ⅲ.①巴蜀文化—文
化遗址—出土文物—研究—成都 Ⅳ.①K878.04

中国版本图书馆CIP数据核字（2021）第267321号

JINSHA KAOGU TANXUN GUSHUREN DE XINYANG SHIJIE

金沙考古：探寻古蜀人的信仰世界　　王仁湘　张征雁　著

策划编辑	周　颖　吴焕姣
责任编辑	王　莹
责任印制	谷雨婷　田东洋
封面设计	肖晋兴
内文设计	四川胜翔数码印务设计有限公司
出　　版	巴蜀书社
	四川省成都市锦江区三色路238号新华之星A座36楼　邮编：610023
	总编室电话：（028）86259397
网　　址	www.bsbook.com
发　　行	巴蜀书社
	发行科电话：（028）86259422　86259423
经　　销	新华书店
印　　刷	成都市东辰印艺科技有限公司
版　　次	2022年6月第1版
印　　次	2024年9月第3次印刷
开　　本	170mm×240mm
印　　张	14.25
字　　数	204千
书　　号	ISBN 978-7-5531-1617-4
定　　价	88.00元

目 录
contents

047　木：支撑着人类的希冀与梦想

075　水：奔腾不息的生命乳汁

163　石：千古不变的铿然之声

179　骨：与远去的生命对话

序
碎片之谜

过去，都成了历史。

现实中的一切都会成为过去，都会成为历史。

已然成为历史的一切事物，它们有的会永远在人类的视线中消逝，有的会永远在人类的记忆中存留，有的会变作碎片天东地西地迭次散落。这是一些永恒的历史碎片，是永恒历史的一些碎片。

这些历史的碎片，它也许属于千年前万年前，可它们距离我们并不都那么遥远，有些也许就在我们眼前时隐时现。它们其实是保留在现实中的历史片断，是我们看得见、触得着的历史片断。

皇上与王公大臣们游走端坐过的明清故宫，依然堂皇地耸立在我们的眼前；蜿蜒于崇山峻岭的古老长城，还时时闪现在我们的镜头里。怀着思古之幽情，你也许还能看见山野里兀立着汉魏时的烽火高台，还有隐匿在荒草下的唐宋古道和青砖依旧的明清城池。这是一些鲜活的历史场景，它们在创造者后代的视线里一刻也不曾消失。

可是更多的历史事物，却被历史自己无情地摧毁了，变成了零落的碎片，这些历史的碎片常常隐藏在我们的视线之外，变成了一个个难解之谜。

这些碎片有的散落在地表，有的深埋在地下，经历了几百年、数千年，甚至是若干万年的风雨磨砺，昔日凝重的历史印记仍旧辉煌地铭刻在它们的上面。它们变幻的本体，它们斑斓的色调，它们鲜活的表情，是一个时代、一族人群、一种文化留给后世的宗谱。只要我们破译了它们的密码，开解了它们的谜底，一段精彩的历史、一页昨天的画卷、一曲悠远的长歌，便都会豁然出现在眼前，响亮在耳畔。

有这样一些谜一类的碎片的故事，它们都曾经牵连出一段久远的历史。

……1899年，身为国子监祭酒的金石学家王懿荣正在病中，他差人到北京城宣武门外菜市口的达仁堂药店照方抓药，方剂里恰有一味"龙骨"。王懿荣亲自审视那些破碎的龙骨，不料一眼看破"天机"，他看到龙骨上契刻着奇形怪状的符号！王懿荣立时感到"龙骨"上的这些怪异符号，恐怕就是文字，是比青铜文字更早的文字！兴奋不已的他抱病赶到药店，不惜以每片带字龙骨二两银子的高价包购一空。于是，甲骨文被确认了，那些碎骨头片像磁石般吸引了众多饱学之士。他们全力查证带字甲骨的出处，先是探访到出自河南，又听说出自河南汤阴。再穷追不舍，最后查明是出自河南安阳西北的小屯乡。于是一个历史之谜开解了，安阳殷墟发现了，作为中国考古史上最重大的发现之一，殷墟使司马迁《史记》中的《商本纪》成为信史。一代代学者持续着殷墟的发掘，一个个重要发现吸引了人们的目光。殷墟历年出土的有字甲骨数以万片计，对商代历史和中国古文字的研究提供了十分重要的资料。

……北京西南的周口店，西面有叫作鸡骨山和龙骨山的小山，当地的农民将在那儿采到的动物化石卖到了中药铺，这些化石就成了一味重要的中药，也就是龙骨，中医认定它有安神平肝的功效。1918年，瑞典的地质学家安特生偶然从一位朋友那里见到了采自周口店的龙骨，他很快就赶到鸡骨山考察。当时有一个农民又把他带到了不远的龙骨山，在那里采集到一些动物化石，还见到了可能是古人类石器的打制石片。安特生非常兴奋地对助手奥地利古生物学家师丹斯基说："我有一种预感，我们祖先的遗骸就躺在这里。"安特生说这话的时候，就站在后来发现的北京人洞穴遗址的洞口位置。为解开这个谜，1923年，师丹斯基到周口店发掘，1929年，中国学者裴文中教授发现了第一具北京人头盖骨化石，他还发掘到了北京人的石器、骨器和用火遗迹。在以后陆续进行的发掘中，共发现北京猿人包括5个头盖骨在内的40多个个体的化石，同时发掘到的还有北京人的数万件石器以及大量用火的遗迹。周口店的发现证实华北地区几十万年前就有人类生存繁衍，他们是蒙古人种的祖先。

……1918年，还是那个瑞典的安特生，他听说河南渑池有古生物化石发现，便前往采集研究，这个地点就是仰韶村。1921年，他又一次到了仰韶村，在村边冲沟的崖壁上发现了一些石器和陶片，包括一些绘有红色或黑色图案的彩陶片。安特生断定这里是一处新石器时代遗址，他于当年进行了正式考古发掘，获得了大批珍贵文化遗物。安特生又在周围的其他一些地点进行了调查或发掘，他认为这些地点的发现都属新石器时代末期的同一类遗存，并将其命名为"仰韶文化"。又因为这类遗存均以彩陶为明显特征，所以又称之为"彩陶文化"。从此，又一个谜被安特生解开，仰韶文化的研究不仅成为中国近代考古学发端的一个重要标志，也成为中国史前考古学乃至整个中国考古学研究的中心课题之一，而且一直影响到中国现代考古学的发展。

……秦始皇陵兵马俑磅礴的气势、雄奇的风姿令人震撼。被誉为"世界第八大奇迹"的兵马俑，最初呈现在人们面前时却只不过是一堆碎片。1974年当地农民在打井时，在地下深处发现了一些破碎的物件，这些非砖非瓦的碎片让人纳闷。数月之后考古发掘开始进行，很快这个谜便解开了，后来确认这里是一处兵马俑坑。农民的那眼井正好打在后来编为1号的俑坑边缘，挖出的是一些残破的陶俑。秦兵马俑坑是为秦始皇陵随葬陶兵马俑而修建的地下坑道建筑，考古勘探和发掘证实了地下兵马俑坑共有4座，规模都很大，在秦始皇生前与陵墓同时修建。现场已经建起了一座大型博物馆，看见这些威之武之的兵马俑，你会感到秦皇一统天下所向披靡真的是不可阻挡。

……四川广汉的三星堆祭祀坑和成都的金沙遗址，都以出土大量精美的金玉铜器声名远扬，它们最初的发现也都是从不被人经意的一些碎片开始的。开挖地下管线的挖掘机，将金沙遗址那些3000年前无价的金器玉器掘成碎片，然后又将它们回填到沟底。偶尔有人看见了那些异乎寻常的碎片，偶尔有人电话报了警，考古学家们很快赶来了，于是又开启了开解古蜀国之谜的一扇明窗，又一个古老神奇的故事在新世纪之初大白于天下。

……

碎片—碎片，这些碎片的故事，在中国在世界考古史上数不胜数。

碎片是考古学家解开谜底进入往古时代的必由之路。若是在荒野发现了这样的碎片，他们会欢呼跳跃，他们会乐而忘返。他们通过寻找碎片，认识碎片，诠释碎片，描绘出历史的一些局部轮廓与许多细节。考古学家和史学家都坚信，碎片所背负的历史将是我们明天最可信服的史书。

本来是环环相扣的完整的历史，留存到今天和明天的，都只是一些谜一样残断的碎片了。这些残断的碎片，也许就保存在日新月异的现代都市的下面，也许就隐形在我们世世代代居住的房前屋后，也许就翻滚在祖祖辈辈耕种的田边地头，它们说不准在哪一天就会冷不丁现形于我们的脚下。

我们是年轻的国民，我们生性有怀古思幽的兴致，有慎终追远的德行。如果我们有了一双乐于发现、善于辨别那些碎片的慧眼，那些谜底便会破解，那些残断的历史就会在我们的意识中复活起来，那个时候我们便会恍然大悟：原来我们都生活在古老历史的光影里。当我们用双手捧起那些碎片时，就一定会有这样一种奇妙的感觉：哈哈，原来历史就在我的手中！我们与历史可以面对面！

与历史的碎片打交道，那本来是考古学家的事情。但与这些碎片的缘分，又不仅仅属于考古学家们。

这是来自一个互联网页里感动你我的话：

我有一个理想，

希望有朝一日，

可以从一小块陶片解读出另一个普通生命的喜怒哀乐，

从而使古往今来的所有人不再为死亡分离，时世阻隔；

让无尽的光阴就此透明，

让无数个体生命含辛茹苦的积累就此融会贯通，

让每一个人手拉手从亘古直到无尽的未来。

这太像是考古学家的情怀了，其实这就是考古人的梦想。但愿你我他都拥有这样的梦想，有了这个梦，你就有了游走在历史中的机缘，也就有了直面历史与古人对话的资格，你就会珍视那些历史的碎片，善待那些历史的碎片，那些碎片之谜就难不倒你我。

我们或者可以说：碎片就是一个一个等待开解的谜，那是历史留给今天的遗言。面对这历史的遗言，你也许不愿甘心于茫然无知，也不愿满足于一知半解。这遗言需要你我去读解，这碎片需要你我来拼对。一次一次拼对，一遍一遍解读，说不准有那么一天，这碎片会在你我手中连缀成壮丽的历史画卷。

引子
金沙，金沙

金沙村——

一个响亮的名字，一个闪光的名字。这本是一个乡村的名字，在中国许多的村子都用"金沙"作为名字。现在有的乡村早已成了城市的一部分，但是它古老的名字却依然保留着。一个城市中保留有老村名，是因为城市扩展的缘故，城市将乡村纳入了怀抱中。成都的城中就有一个金沙村，它原先也不过是一个普通的村子，21世纪初却因为一个重大考古发现而闻名天下。

金沙，真是一个很好的名字，我们的版图上就有一条名为金沙的江。我们还有金沙县（贵州）、金沙镇（湖北崇阳、安徽绩溪、江苏南通、广东佛山、福建闽清），许多地方都有金沙村，南方有北方有，西南有东南也有，就在成都附近不远，也有若干金沙村。随便在网络上一搜，我们就知道各地有这样一些金沙村：

四川省双流区金桥镇金沙村　　四川省郫都区唐昌镇金沙村
重庆市开州区铁桥镇金沙村　　湖北省红安县城关镇金沙村
湖南省衡阳县金兰镇金沙村　　湖南省城步县西岩镇金沙村

湖南省望城区黄金乡金沙村　贵州省赤水市葫市镇金沙村

福建省仙游县龙华镇金沙村　深圳市龙岗区坑梓街道金沙村

安徽省绩溪县金沙镇金沙村　山西省侯马市上马乡金沙村

宁夏中宁县余丁乡金沙村

……

这些金沙村，有的存有千年的古迹，有的享有远近的新誉，都可能有自己一段动人的故事。

每一个金沙村的得名，也许都有值得说道的来历，内里透着俗风也含着雅气。如南通的金沙镇，是因了长江往黄海交汇处的布洲场海滩，在北宋太平兴国年间（976～984）取"披沙拣金"之意命名金沙，所以才留下了这样的镇名。那里不一定有金，但沙是会有的。不过真有有金子的金沙村，一定不会太多。许多的金沙村，可能得名都与这"披沙拣金"或是"披沙沥金"的立意有关。披沙拣金，有时也真能获宝，不过这个成语原本的用意并不在此。每一个金沙村的得名，未必都是因为有"金沙"的缘故。

金沙之名光华闪耀，在当代"金沙"还用来作社区的名字，作商标名，作医院名，作车站名，是旧名新用，也是一种借用。不过现在印入许多人脑海中的金沙村，却是一座3000年前的古迹，这里不仅发现有金子，而且还建起了一座收藏着许多古老秘密的现代化博物馆，这便是成都的金沙村。金沙村因考古而升华，金沙之名更加响亮了。

成都这个金沙村也着实有些来历。在附近出土的一块五代后蜀时期的石碑上，真的就镌有"金沙乡"的字样，表明这个地名至少已经有了1000年以上久远的历史。一个村镇经历了这么多世纪的变迁，却依然芳名不改，这本身也是一个奇迹。兴许是因为这一带很早就发现有金子，所以就得到了一个以"金"为号的名字，只可惜这一个细节已经隐没在历史的长河中了。

如今曾被竹林掩映的村舍自然早已没有了踪影，周围也已经是街

金沙遗址博物馆，珍藏着古蜀时代的金与玉、木与石，展示着3000年前神奇的文明

衢纵横、高楼林立，但金沙村的名字却仍然保留了下来。这一个响亮的金沙村，是一个藏满瑰宝的地方，它包容成百上千的谜吸引着八方访客。

成都金沙村，因本世纪初一个重大考古发现而成为最知名的金沙村。这个考古发现其实就是许多一环扣一环的谜，解开了这个谜，也许就引出了另一个谜。也还有不少的谜，一时半会儿难得其解，有的可能远没有到解开它们的时候。

让我们一起流连在金沙，流连在这谜海中，细细品味古蜀时代的文物传奇。

金沙遗址出土大量金质文物，古蜀王喜欢用黄金装点自己的生活。

当然黄金在古代并不是古蜀人的专爱，历史学家说过，希腊和罗马的历史就记载在黄金上。

黄金是人类较早发现和利用的贵金属，因其稀有而备显珍贵。

黄金在中国自古以来被视为五金之首，称为"金属之王"。五色之金，在古代分指黄金、白金——银、黑金——铁、赤金——铜、青金——铅。

黄金的颜色最吸引人，金黄色之美同阳光一般灿烂。

金

同阳光一般灿烂的本色

先人定义的金子

古人如何定义黄金，又是怎样认识黄金的呢？

中国古代最初说"金"，指的并不是黄金，一般泛指的是铜。黄金称作"璗"，《说文》言"璗，金之美者，与玉同色"。《尔雅》也说，"黄金谓之璗"。这个字从"玉"，读作dàng，看样子是以玉名金，以玉比金，以玉识金，这大概是因为中国用玉的传统更为古老的缘故。古时还将一种金黄色的玉称为"璆"，正如《广韵》所说，"璆色黄，似黄金"。

汉代学者许慎著《说文》，他这样为黄金定义："金，五色金也，黄为之长，久薶不生衣，百炼不轻，从革不违。"是说黄金具有抗腐蚀和抗变色的能力。实验表明，在1000摄氏度高温下黄金不熔化、不氧化、不变色，也不损耗。黄金质地柔软，易锻造，延展性好，很容易加工成超薄金箔、微米金丝和金粉。而且它还很容易镀到其他金属、陶瓷和玻璃的表面，用极少的黄金就能将一个物件装饰得金光灿灿。

黄金良好的物理特性表现为熔点高，可达1064.43摄氏度，所谓"真金不怕火炼"也。纯金为艳丽的黄色，掺入其他金属后颜色发生变化，金铜合金呈暗红色，含银合金呈浅黄色或灰白色。黄金的拉力非常强，1盎司的金可以拉到20多公里长。黄金的可锻性也大大超出其他金属，可以锻成极薄的金箔，1盎司金可以捶薄至400万分之1呎厚，面积可达100平方呎大。古人将它捶成薄片，装饰庙宇和皇宫，1盎司的金据说可以铺满一所大殿的顶盖。

1盎司金有多重？只有31.1034768克！按中国传统的计量方法，它不过是半两多一点儿。改换一下计量单位，1克纯金能拉成3000多米长的细丝，可锻压成9平方米的金箔。

黄金按性质分，可分为"生金"和"熟金"两类。生金又叫"原金""天然金"或"荒金"，是从矿山或河床边开采未经提炼的黄金。提炼过的黄金称"熟金"，熟金中加入其他元素在色泽上会出现变化，成为"混色金"。K金是混色金成色的一种表示方式，4.1666%黄金成分为1K。黄金按K金成色高低可以表示为24K、22K、20K和18K等，24K黄金的含金量99.998%，被视为纯金。

世界上的黄金知识

黄金的元素符号AU，是拉丁文aurum一词的缩写，意为"光辉灿烂的黎明"。所以在古罗马神话中，aurora是黎明女神的名字。埃及人将黄金作为太阳神的象征，古希腊诗篇将黄金说成是"宙斯神的孩子"。黄金光泽是所有贵金属中最接近太阳的，达·芬奇有一句名言说，黄金是人世间唯一有太阳光芒的物质。

黄金开采不易，世间稀有，历史上黄金不但被人类用作装饰，而且还被赋予了货币价值功能。直到20世纪70年代，黄金才非货币化，从直接的货币作用中分离出来。但作为贵金属，黄金依然是主要的国际储备。据2009年公布的黄金储备看，世界黄金储备列首位的国家是美国，8134吨；中国内地列第9位，600吨。中国黄金储备数量比较少，低于日本的765吨，不及美国的十分之一。

黄金成色的判断，在古代还是一门了不得的学问，据说古希腊数学家阿基米德曾为判断一顶王冠是否为纯金做成而发愁。有人说王冠里掺进了白银，一时间真假难辨。阿基米德在洗澡的时候，由自己进入浴盆时水溢出的现象，居然发现了被后人称为"阿基米德比重"

的定律。现在看来这定律并不深奥，同等重量的物体浸入液体时，它们排开液体的多少决定于物体的质量，比重越大的物体排出的液体越少，反之就越多。纯金的比重大，掺进白银的金冠比重小，同样重量的两个不同的物件体积会有区别，看看它们在盛着水的容器中的表现就会一目了然。

正是从这洗澡的实践中，阿基米德圆满证实了国王定做的皇冠是不是纯金品质。故事说阿基米德在澡堂突悟时，竟然高兴得连衣服也没穿，高喊着"我找到啦"就冲出了浴室，他找到的不仅是鉴别真假王冠的方法，而且还是一条有更多用处的新科学定律。

在现代社会，黄金主要有三种用途。一是用于国际储备，这是由黄金的货币属性决定的。现在黄金仍是继美元、欧元、英镑、日元之后被国际接受的第五大国际结算货币，是许多国家官方金融战略储备的主体。黄金还被广泛用于工业与高新技术产业，航天、航空、化工、电子、医药等高新技术领域，拥有广阔的市场前景。对于大众的意义，黄金的用途主要在于制作首饰，华贵的黄金饰品是社会地位和财富的象征，用黄金制作的饰品从来都是富有者的最爱。

金沙古蜀金器的数量

黄金器具和首饰在中国古代也是贵族们的最爱，楚国还曾以黄金作流通货币。楚国还颁布过禁止私人采金的禁令，违者"辜磔于市"，要当街肢解处死。法令严峻，却依然是"窃金不止"，原因是黄金的诱惑实在太大了。

中原和北方在商代时已经有了黄金首饰，考古有一些零星发现，数量上没法与古蜀金器相提并论。蜀地的广汉三星堆遗址的一、二号坑出土了大量金、铜、玉、石、陶质文物，其中金器达100件以上，有金权杖、金面罩、金叶和虎形、鱼形、圆形的金饰片。

古代楚国的金币，上面分块铸印有"郢爰"二字，使用时可以适量切割下来用天平称重计值；楚墓中常出土衡量金币的提式天平，还有成套的环状砝码

　　成都金沙村，是又一处出土大量金器的古蜀遗址。金沙村虽然很多，但真发现有黄金的村子，一定不会太多。不过成都的金沙村，却是藏有不少金子，那可不是普通的金子，它们是古蜀人用黄金制作的艺术品，件件可都是无价之宝。

　　金沙村出土的黄金制品，总数更是超过了200件，这是古蜀出土金器最多的一处遗址，也是商周时代出土金器最多的一处遗址。这些古蜀金器有一些连名称和用途也还不能确定，制作方法也不清楚，包含着许多难解之谜。

　　金沙到底埋藏有多少古蜀时代的金器，也许我们永远也不会明白，现代化的都市将它们沉重地压叠在地下。但我们却可以相信未来一定会有更多的金器出土，说不定会发现新的闻所未闻的金器呢。

　　不论是三星堆还是金沙，考古学家在两地发现的金器大多并不是首饰类的装饰品。金沙金器中最重要的应当是四大类：人面具、冠

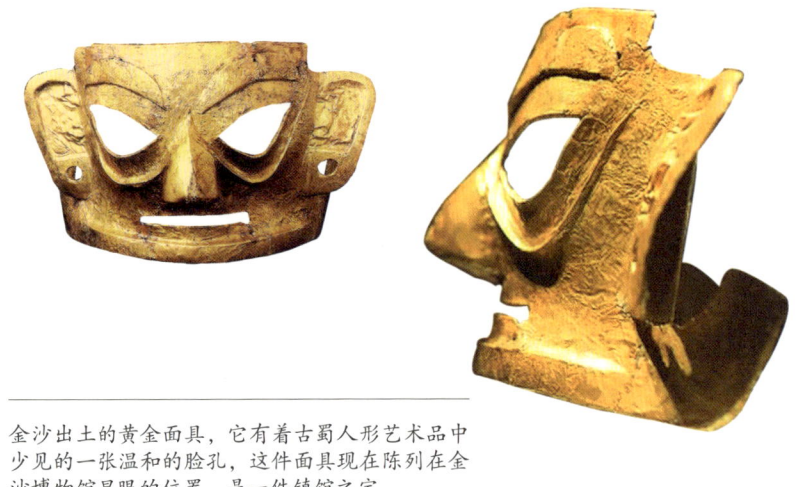

金沙出土的黄金面具，它有着古蜀人形艺术品中少见的一张温和的脸孔，这件面具现在陈列在金沙博物馆显眼的位置，是一件镇馆之宝

饰、太阳神鸟和蛙形箔。这些光灿灿的物件，让金沙村遗址平添了金光灿烂的色彩，也揭示了那个时代的一些黄金之谜。

金带上的图像含义

金沙另一件非常有意义的黄金制品，是一条带形金饰。金带为片状圆环形，直径19.6~19.9厘米，宽2.68~2.8厘米，厚0.02厘米，重44克。金带表面錾有纹饰，由一组相同纹饰出现四次构成连续图案。每组图案分别有一鱼、一箭、一鸟和一圆圈。圆圈里有眉眼刻画，应当表现的是人面或神面。人面独立，鸟和鱼由箭矢连接，一支箭越过鸟颈射入鱼头。这是一个非常神秘的画面，要完全了解它的含义并不容易。

让人们感兴趣的是，金沙这件金带上的纹饰与三星堆器物坑出土

金沙出土金带，上有图案鱼、箭、鸟和人面，一支箭越过鸟颈射入鱼头，是表现了卓著的战功，还是记录着一个神奇的传说？

金杖上的纹饰基本相同，都是以鸟、鱼、箭、人面为主要元素组成的图案。三星堆出土的金权杖，长142厘米，直径2.3厘米，重500克，捶锻成金片后包裹在圆木棍上，出土时残留有炭化木痕。金杖上端镌刻有46厘米长的图案，上端为两组鱼鸟，两背相对，都有一箭压在鸟颈上，箭矢射进鱼头，再下为两个对称的人面。人面为五齿高冠，刀眉立眼，阔口兽耳，有三角形耳坠。

我们可以想象到，这两件金器当年有可能都是王者的用品，有人将它们直接看作是王冠和王杖上的装饰。不用说，两件不同的金器纹饰，表现的是同一意义，那么它包含的是怎样的意义呢？

为揭开这人面、鸟、鱼与箭图案的象征意义，不少学者作过探讨。有人主张"太阳崇拜"说，以为人面形是太阳的象征，人面上方神鸟面向太阳，作展翅腾飞状。鸟是日精和阳气的象征，鱼纹是黑暗和阴气的象征，箭是阳光升腾的象征，这图案是一幅展示太阳上升、阴气消退的生动图式。如果真的是这样的寓意，金冠带和金杖都可能是古蜀国王祭祀太阳神时使用的法器。

也有人将图案定名为"射鱼纹"，提出了另一种解释模式。以为图案中的巨鸟代表蜀王，王与鱼、矢图的组合代表蜀王在行射鱼之礼，飞鸟负鱼、矢向神人而来，表示向祖先行尝新之礼。巴蜀历史上柏灌、鱼凫、杜宇均为崇鸟一族，巨鸟代表的蜀王很可能就是柏灌。

金冠带与金杖都可能是当时古蜀王权的体现，更有学者认为这个图案可能与古蜀国传说中的"鱼凫"王朝有关。金冠带和金杖上图案内容的同一性，标示着金沙遗址与三星堆遗址的统治者在族属上的同一性或连续性。金杖上的人面图案，有可能象征蜀王本人或者巫师的形象。

鱼凫王是古蜀国五代蜀王中继蚕丛、柏灌之后的第三代王。鱼凫的"凫"字有不同的写法，在文献中鱼凫又写作鱼符、鱼涪、鱼妇、鱼腹、鱼服、鱼鹏，都是指的鱼凫，研究者认为符、涪、妇、腹、服、鹏是凫的假借字。又有人说，鱼凫是由鱼族与凫族复合而成，是融合后的象征性标识，金器上的鱼纹与鸟纹，分别代表着以鱼为始祖神和以鸟为始祖神的两个不同民族。还有人认为图案中的鱼形代表鳖灵，凫代表杜宇。又有人说人面代表蚕

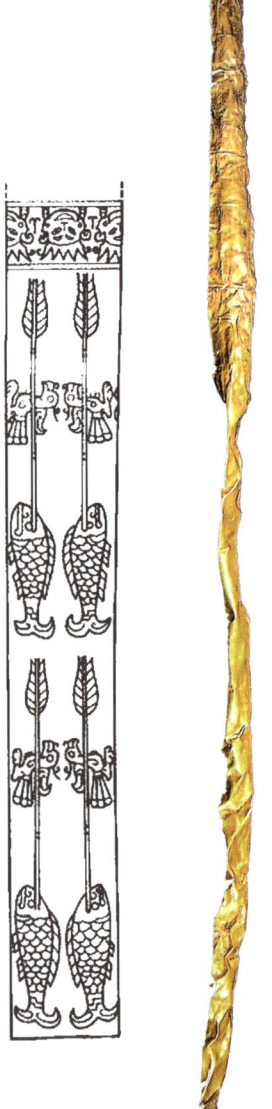

三星堆出土的金杖饰，上面的图案与金沙的大体相同，应当具有相同的含义

丛，鱼、鸟代表柏灌、鱼凫及杜宇。有人认为鱼能潜渊，鸟能升天，鱼鸟图案象征着金杖具有上天入地的功能，是蜀王通神的法器。还有人认为"射鱼纹"器物与生殖崇拜有关，是祈求部族或王国兴盛的法器。有人由图案上的射杀场面，来证明鱼、鸟之间的敌对关系，认为这正是外来开明氏取代杜宇族时激烈战争的反映。认定这应该不是一般的图案，而是有着重大历史意义的象征，从一个侧面反映了传说中蜀王朝的更替。

这是一个谜，而且是一个很难破解的谜。它是表现了惨烈的搏杀还是美好的希冀？如果我们现在连这一点都没有一致的判断，怎么会得出令人信服的结论呢？可能任何急迫的解说都还没有找到真正确凿的论据，我们还要等待，也值得期待，期待着新证据的出土。

人、鱼、鸟、箭，是一组彼此矛盾而又连成一体的图形。它究竟表现的是一个神话，还是一段历史？

也许这是一则历史创造的神话，也许是一段神话隐遁的历史。

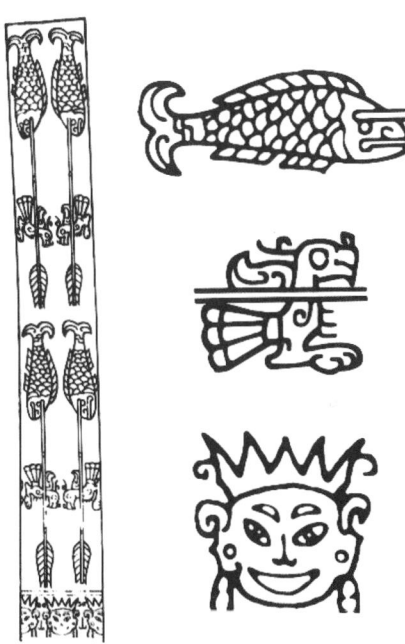

不少学者都在积极探讨鱼、箭、鸟、人面的象征意义

"鱼凫王"的由来

古蜀先王，有教民养蚕的蚕丛，有教民捕鱼的鱼凫，还有教民农耕的杜宇和带民治水的开明，他们的名号多与蜀人的生业相关。

鱼凫氏是古蜀国五代蜀王中蚕丛、柏灌之后的第三个。川人称鱼鹰叫鱼老鸹，古时叫凫、鱼凫。传说这个古蜀国豢养了许多鱼鹰捕鱼，国名就叫作鱼凫国，大王就称为鱼凫王了。

在成都以西的温江万春镇，有一处古城遗址，历史上传下来的名字就叫鱼凫城。古城城垣尚存，城之大小与三星堆相差不多。经发掘证实这是一处新石器时代城址，年代距今4000年左右。这座城是否真为古蜀鱼凫王所筑所居，还值得探究。不过又传不远处还有鱼凫王墓，究竟是后世的附会，还是真实历史的传承，一时还难以澄清。

金箔上的"太阳"和"阳鸟"

被称为"太阳神鸟"的金箔，是一领圆环形的箔饰，外径12.5厘米，内径5.29厘米，厚度为2微米，重约20克。太阳神鸟图像如同一幅现代剪纸，图案规整，构图严谨，非常精美，非常耀眼。

金箔采用热锻、捶揲、剪切、打磨、镂空等多种工艺技法，以简练和生动的图像语言，表现了一幅十分美妙的图景，无论是纹饰的布局结构，还是细微之处，都是那样一丝不苟。图案纹饰分为内外两层，内层中心镂空，内有十二条弧状齿呈环形排列。外层是四只正在飞翔的鸟形，四鸟首尾相接，环绕在金箔一周。

也许这图案只有一种解释，空灵的中心一定是象征着太阳，弧形齿尖则是象征着太阳四射的光芒。环绕着太阳飞翔的四鸟，它们带着太阳转动。

金沙"太阳神鸟"金箔，承载着太阳鸟
的神话，图案凝练，寓意深邃，是难得
一见的古代艺术珍品

　　美好的创意，精致的制作，金箔上果真是太阳与太阳鸟图像吗？

　　金箔上的太阳之形，是一个旋动的天体。智慧的古蜀人，他们想象出太阳是在旋动中升起。

　　旋转的太阳，炫目的光芒。金箔上的太阳，其实是用旋动的光芒衬托出来的，太阳的本体已经隐去。古蜀人的这一种艺术表现，又体现着另类更高更美的境界。

　　太阳神鸟金箔的外围环飞着四只鸟，让一些学者想到《山海经》中的一则神话，"帝俊生中容……使四鸟"，说的是太阳飞速旋转，是四只神鸟托负着在天上飞过。于是研究者相信，金箔形象地展示了这则"金乌负日"古老的神话传说。

　　太阳在天上由东向西运动，它的动力何在？人们很自然地想到了鸟，在他们的视线里，只有鸟才有本领在空中翱翔。于是，人们这样想象，一定是会飞翔的鸟带着太阳越过天空，那太阳一定有神鸟相助，它们是阳鸟。

根据《山海经》等古籍所述，古代中国太阳神话中的十日是帝俊与羲和的儿子，它们有人与神的特征，是金乌的化身，是长有三足的乌，会飞的太阳神鸟。神话说十日每天早晨轮流从东方扶桑神树上升起，化作太阳鸟再由东向西飞翔，晚上则在西方若木神树上休息。

有人说三星堆出土的青铜神树，就是古代蜀人心目中一棵通天神树，是十日神话传说中扶桑与若木的象征。青铜神树分为三层的树枝上共栖息着九只神鸟，大概就是古蜀人想象中太阳精魂日中金乌的形象。

在中国太阳鸟的传说究竟有多么古老，我们至今并不清楚。不过有人认为，仰韶文化彩陶中所绘鸟纹背上有太阳图案，似乎表示着鸟背负着太阳在飞旋，同时还见到鸟居日中的图像，这表明太阳鸟的神话传说在彩陶时代就已经相当完整。这是6000年前的事情，再往前追溯，是否会有更早的太阳鸟神话，眼下还不会有明确的答案。

三星堆高大的青铜神树，将中国古代的太阳神话生动地展现出来

崇拜太阳，是古代蜀人精神生活的重要内容。太阳神鸟金箔纹饰，生动记录了古蜀时代的太阳崇拜，这其中包含的更多信息还有待进一步了解。

金沙出土的太阳神鸟金箔，以它的神秘和它的精致，再一次展示了古蜀人的智慧与魅力。

旋转的金箔阳光图案

这金光闪闪的箔，周围有镂空的四鸟翔飞图形，中间是弧形芒线围绕的太阳旋转图案，将它称作"太阳神鸟"图案，似乎是没有什么疑义了。这是前所未有的发现，是考古人从未见到的艺术奇迹。

太阳神鸟金箔上的太阳之形，用12条弧形光芒衬托出旋转的形态，创意独特。太阳的光线本应当是直直的放射形，怎么会用旋转的构图表现呢？

不论在古代还是现代，旋形是表现力很强且极具魅力的一种图案形式。在更早的史前彩陶上，我们见到许多旋式图案，那旋动的韵律感是那样有力，它们很容易让我们想起太阳来。旋转的太阳，炫目的光芒，我们看到现代的广告画和一些标识，也将太阳画成了一个带有光芒的螺旋形，而这样的螺旋形太阳图案早在史前陶器上就能见到。

在甘肃永靖瓦渣嘴遗址出土的辛店文化彩陶上，将太阳绘成螺旋形，太阳周围的光芒也绘成旋形。台湾台南六甲顶大湖文化遗址，也发现了螺旋式太阳纹陶片，残陶片上分两排刻画着不少于10个旋形太阳图案。在古代青铜器上见到的同纹，也是一轮旋动的太阳。也许在古代画工的眼中，太阳就是具有这旋转神力的天体，太阳飞速旋转着，连它的光芒也是旋转着放射出来的。

我们还发现大量商周青铜器上的饕餮（兽面），都以各式旋线（回纹）为地纹。陕西发现的秦代瓦当上，也印有带着旋形光芒的太

甘肃永靖瓦渣嘴遗址出土的辛店文化彩陶上绘有螺旋形太阳，古代陶工一定是想象着太阳在天空旋转着飞行

阳纹。我们也看到魏晋时代彩绘画像砖上的女娲手举的月亮中绘一蟾蜍，蟾蜍绘有四足双眼的身体为一非常简略的螺旋形。

彩陶之旋，神面之旋，日月之旋，在这些旋动的节律中，我们对这古今一脉相传的认知方式有了更多的了解。

也许这样的艺术品并不是古代东方所独有的创造。美洲古代阿兹特克人的太阳神徽，太阳中心的鸟身，也有一个旋动的螺旋形，它也是太阳旋飞的标志。

我们很难明白远古时代的人们是如何想象到了太阳运行的规律，我们更惊奇那是一种超时代的艺术表现，现代人还是不时地画出这样的酷太阳来，现代广告、商标乃至儿童绘画，常将太阳绘作旋形的模样，这是今人的旋纹情结，也是古人旋纹情结的延伸，也可以看作是古代太阳崇拜观念的历史延伸。

天体都是以旋转的方式运行的，以现代人对天文学的认识描绘出天体的旋转形态是很自然的，但是我们的先人在4000多年前就开始用我们今天的方式图绘日月的旋转，如果不是他们已经有了同我们一样的认识，那可能就不会有这些旋转的日月图形留存到今天了。

由古人绘出的旋形日月图像，还让人很自然地想到宇宙中那些具有旋形特征的星系。旋涡星系又分正常旋涡星系和棒旋星系，整体形状按旋臂数量区分，有双旋也有多旋。在银河系的中心，就有一个棒旋星系。其实整个银河系的外形，也是带有旋臂的旋涡状，它有三条叠旋的旋臂。

人类应当很早就想象到日月是以旋转的方式运行的，旋形日月图不仅表现了两大天体的形态，而且更形象地表现了它们运行的状态。

太阳神鸟金箔由图案构思上看，是要表现一种旋转的状态。这是一种特别的创意，也是一种非凡的创意。我们知道，在圆周上艺术地表现出循环往复的意境，在平面图像中表现出认同的动感，这在3000年前应当并不是很难的事情，因为在此之前陶器与铜器制作中成熟的装饰工艺，已经打下了很好的基础。器物表面纹饰呈现出的律动感，在史前时代并不鲜见，但像太阳神鸟金箔图案上运用纹饰间的互衬互动表现主题，却是在金沙人之先还不曾见过的独特的艺术创意。

在太阳神鸟金箔图案的构思上，金沙人不仅用鸟的飞翔和光芒的旋转表现了律动，而且这样的旋转还采用了对比与衬托的手法，鸟是向左飞翔，而光芒向右旋动。旋动效果显然是达到了，从设计上说是非常成功的。

金箔上的太阳图形，是间接地用向右旋转的芒弧衬托出来的，形成一轮无形的太阳，构思非常巧妙，也十分罕见。旋转的太阳图形，在其他一些时代更早的文物上也曾见到过，有的绘成太阳本体的旋转，也有的用弧线的光芒表示。太阳神鸟金箔图案不仅用芒弧表现太阳向右的旋转，而且还以四鸟的反向运用作为衬托，加强了太阳旋动的视觉效果。图案外圈四鸟的左旋，与内圈十二芒尖的右旋，形成一种动态的对比，互衬中出现互动的效果，这是一个很好的创意。

人类对天体运行的观察，应当是在史前时代就开始了，《春秋纬元命苞》说"天左旋，地右动"，未必就没有包纳史前的认识成果。中国古代天文学关于天体运行方式的描述，有左旋说和右旋说的分歧，以地球为静止状态的观察，所观察到的天体运行为"视运行"。

视运行就是直观的体验，不论体验到左旋还是右旋，天体的旋动是无疑的，这种体验最早未必不是出现在史前。

回过头来再看看金沙太阳神鸟金箔上的旋形太阳光芒，觉得它表现的也应是太阳旋转的状态，古蜀人对太阳运行的方式已经有了自己的猜想，他们一定知道或者接受了天体旋转运行的知识。

当然还有一点也特别让人们产生过另外一些联想，因为金箔上的太阳光芒有十二条，会不会是表现着十二个月的含义呢？这一点我们一下子不能有肯定的回答，还需要进一步研究。

金箔上的阳鸟原型

金沙太阳神鸟金箔外围图案中的四只飞鸟，一定就是神话中所说的阳鸟。古代称为"日鸟"，现代语境多写作阳鸟。

我们或者可以这样设想，古代的那些工匠和画工们，一定是在这样的神话中得到了创作的灵感：太阳每天在不停运行，是神鸟带着太阳在飞翔。许多民族都以为只有飞鸟才是太阳的使者，作为太阳使者的各种神鸟形象飞遍世界，它们深深烙印在人们的脑海里。在现代的一些艺术品中，也能见到神话中太阳鸟的形象，都是古代留传下来的艺术传统。

阳鸟虽然是神话中的神鸟，但一定有神话创作的原型，那它究竟是以什么鸟为原型的呢？古蜀人在金箔上表现的阳鸟，它的原型又是什么鸟呢？

在阳光下繁衍生息的史前人类，他们以最虔诚的心灵，在世界的每一个角落向未知的世界表达纯洁的心声。无限的宇宙，神秘的苍穹，光明的太阳，孕育人类的生命，塑造人类的灵魂。那翱翔天际的鸟儿们，是最有资格接近太阳的使者，只有它们才能将人类的虔诚与感戴传递给万能的太阳。于是在太阳崇拜出现之时，可能就有了太阳鸟崇拜。

看着金沙金箔上的四鸟图形，长长的脖颈，尖尖的利喙，壮壮的双爪，这是何鸟？

这似乎就是水鸟鱼鹰，它在古时叫凫鹥，我们现在称它作鸬鸶或鸬鹚。

蜀人先王有以"鱼凫"为号者，也许是以太阳神和太阳鸟自居呢。鱼凫就是水鸟鱼鹰，在古蜀人心中，也许那就是太阳神。也难怪在出土的蜀王金杖和金带上，都能见到鱼凫的图像，那是古蜀人顶礼膜拜的偶像。

崇拜鸟和崇拜太阳，是古蜀人各部族的共同信仰。在金沙遗址不仅出土了太阳神鸟金箔，还有三鸟纹青铜璧，璧上的鸟形与金箔上的相同。

崇奉太阳是古蜀人不变的信仰。古蜀人有自己特别的阳鸟，它就是鱼凫，是健美的鱼鹰。古蜀人对并不能多见的太阳怀有特别的感情，他们对心中的太阳鸟也怀有特别的感情，他们多么希望阳鸟能天天载着太阳飞翔啊！

全世界的太阳鸟崇拜

太阳崇拜曾经是人类共有的信仰，在古代社会里，太阳鸟是无处不有的精灵。不仅在古代中国，在世界上很多民族中都曾经奉行过太阳鸟崇拜。

古埃及的日神拉、霍鲁斯，都是一副雄鹰的模样。公元前14世纪太阳神崇拜成了古埃及的国教，雄鹰成了太阳的使者。太阳神拉常常与以鹰为形象的霍鲁斯相结合，霍鲁斯也被视为太阳神。在一些古埃及的绘画中，霍鲁斯被描绘成一只头佩日轮的鹰，或一个戴有王冠的鹰头人。

　　玛雅人的太阳神庙里，有乌鸦和啄木鸟的身影。美洲其他民族的太阳鸟还有鹰、天鹅、啄木鸟、乌鸦、凯察尔鸟等。中美洲飞鹰族的族徽图像呈圆形，外围是象征万道光芒的短线，内部为一只飞鹰。美洲印第安人把太阳视为"活的精灵"。面对奔走不息的太阳和翱翔有力的鹰隼，印第安人很自然地把他们结合在一起。在美洲太阳鹰崇拜普遍存在，中美洲的太阳鸟也叫凯察尔鸟。

　　欧洲古代传说的太阳鸟有天鹅和鹰隼。在古代波斯帝国，也以鹰鸟作为太阳的象征。鹰隼飞旋，它飞得那么高那么远，它好像就在太阳中飞翔。它被古人当作太阳的使者，传达着太阳的信息。鹰的力量就像太阳一样，征服了古人的灵魂，他们把对鹰的崇拜和太阳的崇拜联系到一起。

　　在印度和东南亚，人们认为有一种巨鹰兼百鸟之王叫迦卢荼，总是把它和太阳联系在一起，作为太阳初生和死后生命的象征。鹰隼被古人当作太阳的使者，传达着太阳的信息。鹰的力量就像太阳一样，征服了古人的灵魂，他们把对鹰的崇拜和太阳的崇拜联系到一起。

太阳神鸟金箔的制作

成都金沙遗址出土的太阳神鸟金箔图案非常完美，我们由图案构图出发，通过细部的量度数据，了解金箔的制作工艺。太阳神鸟金箔表现出一种旋转的状态，外圈四鸟的左旋，与内圈十二芒弧的右旋，形成一种动态的互衬。在谐和与均衡的构图之中，我们发现金箔的图案虽然有完美的设计，却并不是像以往人们想象的那样是采用模具制成。这是一件凭着精巧十指制作出来的艺术品，它的制作体现了古蜀时代所拥有的高超的工艺水准，也记录了古蜀人的天文学灵感。

金沙遗址太阳神鸟金箔是古蜀人最伟大的艺术作品之一，也是古蜀文化精髓的体现。虽然我们并不能确切得知太阳神鸟金箔作器的本来面目，也不能知晓原器的用途，但我们一点也不会怀疑太阳神鸟金箔不仅喻义深邃，艺术构图也十分完美。

太阳神鸟金箔发现后，一些研究者讨论了太阳神鸟图案的文化意义，对于古蜀人的太阳崇拜传统进行了探讨。有关部门还对金箔图案做了仿制试验，但没有见到相关报告，只是说到工艺难度很大，不知在工艺制作上会不会有新的见解。

金沙的太阳神鸟金箔图案确实非常完美，但这种完美是如何体现出来的，我们了解得并不多。金沙太阳神鸟金箔由图案构思上看，是要表现一种旋转的状态，这个目的显然是达到了，从设计上说是非常成功的。外圈四鸟的左旋，与内圈十二芒弧的右旋，形成一种动态的互衬，金箔体量虽小，展示的空间却很大。不过在谐和与均衡的构图之中，也发现了一些小问题，这些问题让我们对金箔制作的方法与过程有了一些新的认识。

太阳神鸟金箔的外形，看起来是一个比较规整的圆形。依据最初公布的资料，发掘者描述金箔中心镂空的部分象征太阳，十二条尖弧形象征太阳的光芒，外围的四只飞鸟则是古代神话中所说的负日的阳鸟。虽然看起来太阳神鸟金箔制作非常精细，图案纹饰也均衡对称，不过将这个圆形的太阳神鸟金箔图案旋转起来观察，首先会明显地感觉外圆并不十分规整。这太阳神鸟金箔是一个有些变形的圆形，金箔可能原来取料为正圆，镂空后略有变形，也可能是其他原因导致了变形。也不排除这样一种可能，这太阳神鸟金箔或许本来就是一个不十分规整的圆形？当然在制作者的眼中，它应当是一个规整的圆形，这与我们现在的视觉结果是一样的。其次我们再细作观察，发现十二芒弧大小并不是非常一致，布局也有些疏密不匀。四鸟的细部也有一些差异，同样的部位并不等长。

太阳神鸟金箔内空亦大体为正圆之形，相对芒尖之间的距离相等，表明金箔最初开料大致为一圆环形。这圆环孔径5.29厘米，与金沙多数环璧类玉器内径规格相近，大盘环璧内径在5~6厘米。

粗略观察，太阳神鸟金箔图案的四鸟在圆环上的分布均衡对称。但只需作出简单的辅助线，不必仔细量度我们就能看出这种对称在多数状态下并不是非常严格。辅助线选择六组典型的点绘出，取鸟形喙趾间全角长连线，和邻近两鸟形之间的中脊、翅尖、趾尖、足弓与喙间连线，可以得到比较直观的结果：

连接鸟形喙趾，同点连接，四鸟排列出来的矩形呈不对称形，表明整体构图并不完全对称。

连接邻近两鸟形的中脊，连接邻近两鸟形的翅尖，连接邻近两鸟形的趾尖，连接邻近两鸟形的足弓，得到的都是不规则的矩形，说明图案不是由这些点上确定均分距离的。

连接邻近两鸟形的喙尖，同点连接，排列出来的矩形基本对称。

这样一个初步观察的结果表明，太阳神鸟金箔图案的布局虽然对称，但细部却表现出一些并不均衡的状态。通过进一步量度，更加确定了这样的认识，四鸟长短与排列都有不匀称之处。

太阳神鸟金箔图案采用类似的观察方法，只得到一个例外的结果：四鸟的喙间距似乎全等。这样看来，当时工匠在制作时，首先应当是通过量度确定了四鸟形的布局。可能的情形是，太阳神鸟金箔图案是以鸟喙为图案四分的起点。

再看四鸟，形态与尺度似乎完全相同，觉得镂形时应当采用了同一个模型作比照。但一旦将四鸟仔细重合比对，发现它们无论形态与尺度都并不完全吻合。

四鸟的全角长相等，都是7.2厘米，可能在制作中有过量度。可是每个鸟形的细部差别却比较明显，如头颈长度可差到0.2厘米，小腿长和足趾长也都差到0.2厘米。虽然细部有这样的差距，但鸟形的全角长度却完全相等，说明鸟形在布局进行量度之后，细部都是随手刻成，怀疑工匠在制作时并没有使用固定的模具。

正因为太阳神鸟金箔图案是随手做成，更表现出古蜀匠人的高超技艺，不作仔细重合比对，还真不易看出那些细微差别来。

经过仔细量度，会发现金箔上的太阳神鸟图案并不完全对称，古蜀金匠也许是信手做成，表现了高超的艺术技能

粗略观察可以作出判断，太阳神鸟金箔图案十二条芒弧的长短、宽窄和彼此的距离都存在差别。芒弧长的跨度在3.9～4.7厘米，芒间距的跨度在0.9～1.7厘米，芒底宽的跨度在1.5～2.6厘米，差距非常明显。这样我们又进一步得到了同样的认识，芒弧也是随手切割而成。

量度结果显示，太阳神鸟金箔图案除外圈飞鸟在做法上采用了严格的四等分方法和芒底落于同心圆轨道外，图案切割并没有太严格的设计。四鸟的本体在尺度上有许多细微差别，十二芒弧的大小与排列也欠匀称。虽然没有严格的设计，制作者却熟练地作出了预想的图案，在不严格中恰恰表现了制作者高超的技艺。

我们虽然由太阳神鸟金箔的完美构图中找到了一些缺憾，但由这缺憾我们却感受到了更高层次的完美。太阳神鸟金箔不仅展示出古蜀国深邃的文化底蕴，也展示出古蜀时代高超的工艺技巧。这是凭着精巧十指制作出来的艺术品，从精巧的工艺，可以窥见精巧的思维和精致的文化。

我们知道，国家文物局公布的中国文化遗产标志，并不是完全照搬太阳神鸟金箔图案，而是在构图上作了均衡处理，成了完全对称均衡的图案。

黄金变金箔的技术

真不知最早是何人突发奇想，将金子捶成薄薄的箔，让有限的金光绽放到千倍万倍之大。以小变大胜大，以少变多胜多，将金子变成箔，想得到这一点就不容易，做到就更不容易了。

金箔技术很早便已经相当成熟，商周时期中原地区除了见到一些装饰类金器，也有少量金箔之类，主要是附着于其他漆器、铜器以及建筑构件上的装饰。古蜀王国的金器，在三星堆和金沙出土的多是金箔制品，一些研究者以为与中原地区应属同一体系，主要是因为它的年代稍晚于中原。认为"成都平原的黄金工艺很可能如同青铜工艺一样，也是从中原辗转传入"。

不过也不能否认，古蜀金器在成形器物的种类及出土的数量上，都要明显超过中原地区，在工艺技术方面也显现出独到之处。今后也未必不会发现年代更早的古蜀金箔，谁早谁晚现在还不是下最后结论的时候。

早期金器制作工艺分锻打和捶揲两种技术，中原早期黄金制品多采用捶揲技术，成品都是金箔。古蜀金器也均采用捶揲技术，成品也是金箔制品。两者之间的明显区别是，后者常有纹饰图案，与北方和中原地区光素无纹不同。古蜀金箔使用了錾刻、模冲、刻镂技术，如金杖和冠饰所见图案纹饰，不仅是古蜀也是国内发现的金器中最早的錾刻工艺标本。金沙遗址的金人面像，有人认为采用了模冲工艺。刻镂工艺在古蜀金器中较多运用，三星堆和金沙见到的许多金箔都使用了这一工艺。

古代金箔工艺的出现，是古人认识到黄金良好自然延展性能的结果。包金和贴金工艺的成熟，促成了金箔技术的不断提升。包金是利用金箔自身的包裹力罩于器具之外，贴金是借助黏合剂将金箔粘贴在器具表面。古蜀贴金工艺比较流行，三星堆金箔铜像用的是生漆作黏合剂。现代民间传统贴金工艺所用的粘贴剂，主要是树脂类如生漆和桐油等。金沙的金箔制品，许多应当采用了贴金工艺，使用生物黏合剂黏合。

箔，通常指称一些金属制成的薄片，如金箔、银箔、铜箔，以金箔的制作工艺最为复杂。黄金具有良好的延展性，一两（31.25克）纯金能捶成万分之一毫米厚、面积为16.2平方米的金箔。古代制箔之法，是先将黄金提纯，捶打成小小的金叶，再夹在用煤油熏炼成的乌金纸里，又反复捶打约一日，金叶就变成了薄薄的金箔。

传统工艺制作金箔，要经十多道工序，下条、拍叶、做捻子、打开子、出具、切金箔，一点都不能马虎。金箔的传统工艺至今还保留在一些作坊里，抽出的金箔薄如蝉翼、软似绸缎，所以民间又有一两黄金打出的金箔能覆盖一亩三分地的说法。现代金箔生产仍有一些工艺是机器无法替代的，最重要的是乌金纸，用乌金纸包好金片，通过几万次锻打制成0.12微米厚的金箔，要求乌金纸耐冲击、耐高温。

近现代制作金箔少不了乌金纸，不知古代采用的方法是怎样的，如果没有乌金纸又怎么办

现代金箔制作融入了现代科技，使用的辅材（如乌金纸）和设备都已大大革新，产量和质量均大幅提高。经过长期发展，金箔工艺越来越成熟，金箔工艺有了申报世界级非物质文化遗产的动议，古老的工艺焕发出了新的活力。

太阳神鸟图案成为中国文化遗产标志

我们的时代，已经是一个崇尚标志的时代。标志不仅仅是一种时尚，它也不仅仅只是美集聚的焦点。

在知识层的口语中，已经有了logo这个外来字，logo就是标志，标志、徽标、商标是现代社会的产物。现代企业的标志承载着企业的无形资产，是企业综合信息传递的媒介。企业标志树立着一种形象，企业强大的整体实力、完善的管理机制、优质的产品和服务，都包纳在标志中，标志通过传递，在不断刺激和刻画过程中深深地进入受众心中。logo设计将具体的事物、事件、场景和抽象的精神、理念、方向，通过特殊的平面图形固定下来，人们看到logo标志，自然会产生联想，从而对企业及其产品产生认同。标志是企业日常经营活动、广告宣传、文化建设、对外交流必不可少的元素，它随着企业的成长，其价值也不断增长。

在现代社会，标志并不仅仅是企业形象的写照，它还深入各个领域。一个行业协会，一个团体机构，一所学校，甚至是一个非营利组织，都可以有自己特定的标志。

随着文化遗产保护事业的发展，也需要一个象征性标志来作为号召。有关机构，许多的学者，都开动脑筋，要设计出一个理想的文化遗产保护标志，当然并不是一件很容易的事，要在广泛的层面得到认同，可不是随便一个什么图案就可以取来作标志的。既然是设计文化遗产保护标志，人们首先想到的是由现成的文物图像上提取典型元素进行设计。这个思路是对的，不过文物资料也实在是太丰富了，前后有成百上千种文物图案提炼成的图案可供选择，而成都金沙村金箔上的太阳神鸟图案，很自然地成为标志的首选图案。

国家文物局已经正式公布采用金沙"四鸟绕日"金箔图案作为"中国文化遗产标志"。公告说"太阳神鸟图案表达着追求光明、团结奋进、和谐包容的精神寓意，而且构图严谨、线条流畅、极富美感，是古代人民天人合一的哲学思想、丰富的想象力、非凡的艺术创造力和精湛的工艺水平的完美结合。它的造型精练、简洁，具有较好的徽识特征"。这个选择没有什么争议，因为这个图案打动了我们。

国家文物局最终确定中国文化遗产标志上方采用简体中文"中

国文化遗产"；下方采用汉语拼音"ZHONGGUO WENHUA YICHAN"，或者用英文"China Cultural Heritage"。标志的标准色彩为金色，也可根据不同需要使用其他颜色。标志核心位置的金饰文物图案，除配合文字使用外也可单独使用。

国家文物局2006年2月发布《中国文化遗产标志管理办法》的通知，规定使用中国文化遗产标志，应当根据颁布的式样，按比例放大或缩小，不得更改图形的比例关系和样式。

鼓励将中国文化遗产标志用于公益活动和商业活动，标志用于商业活动应事前向中国文物信息咨询中心提出申请。标志用于商业活动所得收入，应当全部用于文化遗产保护。

有3000年前金箔上的太阳神鸟图案，我们就拥有了3000年后今天的中国文化遗产标志。

国家文物局正式公布采用金沙"四鸟绕日"金箔图案作为"中国文化遗产标志"，古代艺术又被赋予了新的内涵。3000年前的佳作打动了我们，还将打动我们的后人

蟾蜍在传说中的象征

在金沙出土的金器中，还有八件大小形状一样的蛙形饰，样子很像是青蛙，其实应当是蟾蜍。蟾蜍短颈圆眼，背有中脊，四肢蜷曲如卷云。看到这金蟾蜍自然会让人想起太阳金箔，将它与月亮联系起

三星堆圆雕石蟾蜍，扁头，腹微鼓，嘴部两排整齐的牙齿，造型朴拙又可爱

来，因为蟾蜍在中国古代神话中被看作是月亮的象征。

见到蟾蜍金箔，我们会想起在三星堆遗址中曾经发现一件圆雕石蟾蜍，这表明古蜀人可能对蟾蜍会怀有一种特别的情感。

看到金沙的金蟾蜍，也许首先会让我们想到一些相关的民间传说。传说从前黄山脚下的汤口村，住着一位姓刘的老农民，夫妻俩只有一个儿子，取名叫刘海。南海龙王有个女儿巧姑，一天她趁龙王不在，化作一只金蟾蜍，跃出桃花溪白龙潭。出潭遇险，被路过的刘海救下。龙女念念不忘刘海，悄然出了龙宫，又变作金蟾蜍爬上荷叶，扔给刘海一串金钱。刘海牵动金钱丝线，结果金蟾蜍变成了一位美丽的姑娘，跟在身后朝他微笑。

明清之际，"刘海戏金蟾"的年画非常流行，寓意发财富贵。后来又以蟾蜍作财神，是生意人殷勤供奉的偶像。

其实关于刘海的故事还有另外的版本，在湖南常德武陵区流传着"刘海砍樵"传说。常德城武陵的丝瓜井旁，住着刘海母子俩，刘海勤劳孝顺，天天上山砍柴，奉养老母。在刘海砍柴的山上，住着一只

金沙出土的金蟾蜍，蟾蜍也是图案化的造型，与太阳金箔同工，都有非常独特的创意

狐狸精，她有宝珠可化身人形。她非常敬佩刘海的为人，就起了思凡之心，取名胡秀英，执意要嫁给刘海。刘海在斧头神和胡秀英众姐妹的帮助下终于成婚，过着男耕女织的幸福生活。在这里狐仙取代了蟾蜍，故事一样地动人。

不过这两个刘海的故事与月亮并没有什么联系，倒是另有一位吴刚，确曾与月亮有了关系。在月中与吴刚同在的，还有另外的一些角色，这其中就有蟾蜍。

传说月亮里有一棵不死的月桂树，太阳神炎帝把吴刚发配到月亮里，命令他砍伐月桂。月桂高达五百丈，随砍即合，炎帝想用这永无休止的砍伐惩罚吴刚。吴刚的妻子让三个儿子到月亮里陪伴，后来他们变成了蟾蜍、小兔和天癸。

在古代，月亮常常作为美丽、温柔、皎洁的代名词，它寄托着人们美好的情感。月亮有许多别称，如玉盘、冰轮、宝镜、冰蟾、玉兔、蟾宫、婵娟，等等，这当中牵涉到的两种动物蟾蜍和兔子，都是代表着月亮。

汉代画像石中的月宫图景，蟾蜍和兔儿在那里不停地忙碌着，它们是西王母的左右手

这些传说，虽然并不是发生在古蜀故地，却让我们了解神话中蟾蜍与月亮的联系，找到了一些生动的情节，古蜀之地也未必没有类似的神话与传说，也许只是没有传承下来而已。不过蜀地出土的汉画上，却是见到了蟾蜍与西王母同在月中的画面，那正是月亮神话的生动写照。

蟾蜍其貌不扬，它背上的斑点给人有些不畅快的感觉，可在神话中它却是与美丽的月亮同在的。蟾蜍在中原神话系统中担当着重要角色，《淮南子·精神训》中说：日中有踆鸟，月中有蟾蜍，日神为阳鸟，月神为蟾蜍。湖南长沙马王堆一号汉墓帛画上的月亮内就绘有一只蟾蜍，汉代的墓室壁画与画像石上，常常可以见到这样的月里蟾蜍图像。

汉代画像石刻中，有伏羲氏和女娲手托日月轮的形象，女娲手中托的月轮里就有蟾蜍在捣药，这与嫦娥奔月的神话有关。在汉代石刻画像中常绘月内有两人一蟾，蟾蜍在捣药，一人手持不死树，另一人捧着盛不死药的器皿，后来《酉阳杂记》里说月中有桂花树、蟾蜍和

湖南长沙马王堆西汉墓出土帛画上的日中乌和月里蟾，是汉代广为流传的日月神话的生动写照

黄河流域新石器时代彩陶上的蟾蜍纹，是6000年前陶工的精心创作，也许是最早记录月亮神话的图像

西乡何家湾　　临潼姜寨　　陕县庙底沟　　秦安大地湾　　天水师赵村

吴刚。这样，月亮中又有了嫦娥、玉兔、桂花树和吴刚，不过较之蟾蜍的资格来，那可都要晚出许多了。

月中有蟾蜍，这真的是一个非常古老的神话。

月宫蟾蜍的神话由来

蟾在古代有特别的象征意义，它的文化性非常明确。《淮南子》中有神话说后羿到西王母那里去求来了长生不死之药，嫦娥吃了逃到月亮里去了，变作一只蟾蜍，成为月精。嫦娥奔月化为蟾蜍的神话，似乎更早见于《楚辞·天问》，所谓"夜光何德，死则又育？厥利为何，而顾菟在腹？"闻一多先生解"顾菟"为"蟾蜍"。

"月中有蟾蜍"神话的萌生，一定是远远早于汉代，金沙遗址的蛙形金箔可能就是这神话存在于更早年代的一个证据。

蟾蜍，也是史前人眼中常见的生物。蟾蜍之为纹，在史前彩陶上就已经见到。从半坡文化开始出现的蟾蜍纹，经过庙底沟文化到西王村文化，由写实向抽象的演变过程也比较清晰。庙底沟文化彩陶上见到的蟾蜍纹虽然没有一例是完整的，但大体可以复原出它原来的构图来。将出自西乡何家湾的半坡文化蟾蜍纹与出自陕县庙底沟的蟾蜍纹

作一下对比,两者的联系还是比较明确的。蟾身表现的都是俯视的构图,背上满布斑点,屈曲的四肢,蟾蜍好似在跳跃之中。

古代月神的相关神话,其渊源看来是可以上溯到史前时代的,在半坡和庙底沟人那里,类似的神话是一定已经成型了,这是彩陶透露给我们的信息。庙底沟文化之后的彩陶上,将蟾蜍背上的斑点绘作网格形,或者将四肢扩展成折线形,有理由将部分彩陶上的折线与网格纹看作是蟾蜍纹的几何化图形。这样看来,蟾蜍图案符号在彩陶上出现的频率还是比较高的,真正象形的蟾蜍图形比较少见。

嫦娥奔月的神话最早见于已亡佚的《归藏》,说"昔嫦娥以西王母不死之药服之,遂奔月为月精"。《淮南子》中则记载了嫦娥奔入月宫之后化为蟾蜍的情节,说嫦娥"托身于月,是为蟾蜍,而为月精"。奔月后的嫦娥不仅变为蟾蜍,而且还在月宫中捣药做苦工。

金牛与金牛道

黄金对于古蜀人来说,可能有一些特别的意义。如青铜头像有的用金箔敷面,就是一种特别的做法,这样的头像一定具有特别的含义。金沙人用金箔为饰，也用黄金为器。金沙遗址还发现一些形状怪异的金器，我们不知道它的名称，也不知道它的用途。如"喇叭形器"形如喇叭，它究竟有什么用处，让人颇费猜测。

金沙喇叭形金器，左想右想，想不出它的用途何在

古蜀人用黄金装饰自己的信仰，古蜀王为黄金而痴狂，古蜀国似乎也是因黄金而亡。有一个金牛的悲剧故事，将古蜀亡国的缘由说得委婉凄切，让人将信将疑……

蜀人经营的天府，吸引了秦人的目光。难于登天的蜀道，没有阻挡住强秦的铁蹄。

大军要入蜀，开路是第一件大事。要想大摇大摆地修条大道通往蜀地，那断然是不成的，据传秦惠王采纳了一条让蜀人自己筑路的计策，这便是金牛之策。

秦人雕刻了五头石牛，放在秦蜀边界，每天在石牛股后摆一堆金子，说石牛是金牛，每天能排泄一堆光闪闪的金子。

蜀王听到探报，很想得到这些金牛，遣人向秦王讨求，秦王当然很大方，答应将石牛赠送给蜀王。不过石牛既大且重，搬运这样的宝贝是个大难题。

不过这也算不上大事，蜀国有五个大力士，体壮力大，人称五丁力士。蜀王吩咐五丁凿山开路，好把金牛运回来。五丁力士还真的就开出了一条金牛道，蜀人将金牛顺利地运到了蜀都。当然运到的只是石牛，再也没有见到它下金子。蜀王恨秦王无信，又将石牛运回秦国。

运过来又运过去，秦蜀间出现了一条坦途。秦王知道金牛道开通，接下来又设计害死了五丁，派张仪、司马错率大军取道金牛道攻蜀，很快就占领了蜀国，蜀也就并入了秦的版图。

汉代扬雄的《蜀王本纪》记有五丁传说，北魏郦道元《水经注·沔水》也说到石牛故事，注引来敏所著《本蜀论》说："秦惠王欲伐蜀而不知道，作五石牛，以金置尾下，言能屎金，蜀王负力，令五丁引之成道"。

当然很多人并不相信这个传说，如郭沫若《蜀道奇》诗就说，"五丁开山事乌有，其说虽墨意可朱"。不过历史上纪念五丁与金牛的一些遗迹，现在却还能寻见一些。如陕南宁强县宽川一带，入蜀的"金牛道"穿过，古栈道遗址尚存，附近有金牛峡。宁强群山之巅有五丁关，为古金牛道之咽喉，关上原有"五丁开关处"石碑，建有五丁庙祀五丁力士。

在今天的成都，依然还有"金牛"和"五丁"这样的纪念性地名，又让人感到传说背后未必不会有历史的真实风景。当然从历史的观点看，在统一大潮涌来的时代，有没有金牛之计，古蜀的灭国也是迟早的事，我们也不能简单地将蜀国的灭亡归结为是蜀王贪恋黄金的缘故。

金沙出土铜牛首，当初铸成它的时候，还不知道后来会发生金牛灭国的故事

蜀犬吠日之因

蜀中之犬，见着太阳会觉得怪怪的，狂吠不止。"蜀犬吠日"，汉语中这个特别的词就是这一事相的写照。

关于"蜀犬吠日"，唐代大文学家韩愈的《与韦中立论师道书》有文曰："蜀中山高雾重，见日时少。每至日出，则群犬疑而吠之也"。柳宗元在《答韦中立论师道书》也说："屈子赋曰：邑犬群吠，吠所怪也。"他还说自己也听到庸、蜀之南常常下雨，日头难得出来一回，所以"日出则犬吠"。柳宗元引论的是楚国诗人屈原所作的《九章·怀沙》，说犬就有这么个特性，见着奇怪的事物就要叫。从韩柳时代之后，我们就有了一个成语"蜀犬吠日"，用来比喻少见多怪。

川中之所以称为盆地，是因为周围环山。现代人也还常常为川中的浓雾所困扰，秋冬时节入川，有时说不定就会被大雾困在机场，能见度低到飞机起飞不得。

盆地四周为海拔2000～3000米的山脉和高原所环绕，西为龙门山、邛崃山，北为大巴山，东为巫山，南为大娄山。盆地海拔多在500米以下，长江沿岸降到230米左右。成都一带地势低平，由岷江和沱江挟带的泥沙冲积而成。盆地的特殊地形阻挡了来自四面的风，丰富的水汽不会被带走，积累在盆地空气中大量的水汽达到饱和，凝结成雾滴或凝华成冰晶形成雾。

正是因为地形特别，所以气象也非常特别，特别对太阳很难得一见。以成都之地看，现代统计的年日照时数平均约为1240小时，最多年为1460小时，最少年只有约825小时。一年的白天约是4380小时，计算出的年日照百分率平均为28%，最多年为33%，最少年只有19%。也就是说，最悲观时5天中有4天是见不着太阳的，平均也是4天中才有一天有太阳。如果遇到连阴天，也许半月也见不到日光。

对于蜀地来说，要见太阳实在是件稀罕事。太阳出来这样少，也难怪犬们要少见多怪了。

古蜀人用贵重的黄金来再现太阳的光芒，自然是希望天天都有阳光普照了。

篆刻：蜀犬吠日

树木，是人类离不了的宝物，它支撑着人类的希冀与梦想。

它的根，它的叶，它的干，还有它的花和它的果，样样都是宝。我们生存的环境离不开它，我们的建筑离不开它，堂皇的宫殿是高大的树木建成，素朴的民居也需栋梁之材。

树木燃烧时，它又会为人们带来温暖和光明，带来可以烹饪美味的热能。树木如果埋藏在地下，历千百万年与空气隔绝，在高温高压下化为黑色可燃化石，这便是我们现在得到的煤炭。

还有不少的树木被埋藏在地下深处，它们并没有条件变成煤炭，不过也没有腐烂，同样也变作黝黑的颜色，这便是不朽的乌木。

本

支撑着人类的希冀与梦想

"木器时代"的提出

木头可以制成许多大小物件，这其中就包括许多工具及工具构件，难怪有人甚至说人类历史上有过一个木器时代。学术界有人提出先于石器时代存在"木器时代"，将人类史划分为木器时代、石器时代、青铜时代和铁器时代。

还是在1836年，丹麦皇家博物馆馆长汤姆逊最先提出将人类社会划分为石器、铜器和铁器三大时代。后来有学者又提出木器时代的观点，不过还未能获得公认。论者认为当原始人类很自然地发明拐杖后，木棒便会很快成为一件多用途的工具，这便是石器时代之前就先经历的"木器时代"。由于木棒容易腐烂，人类早年使用过的木器难以保留下来，所以很难找到确凿证据，木器时代的论证是比较困难的。

因为木器时代的提出，引发了人类历史的"先木器论"和"先石器论"的争论。持先石器论者认为：要制作木器必须要使用石器，石器必然是先发明的。所以有人很明确地说，"木器时代没有过，也不可能有"。

避开学术上的论争，不论木器时代确认与否，树木和木器在人类历史上所发挥的作用都是不可低估的。

古蜀人采木作栋梁建筑宫殿，砍伐粗大的楠木做成船棺。在金沙人的遗址下面，考古意外地发现过一些木制品，其中有十分珍贵的木雕神像，也有农具木耜等。

金沙出土木耜，是古代一种翻土的农具

金沙遗址也发现了古老的乌木。在成都平原及邻近区域，陆续发现过一些乌木。关于乌木的由来是怎样的，它又有什么用处，看见乌木的人都会产生这样一些疑问，很想解开这些谜。

金沙的乌木林

进入金沙遗址博物馆的南大门，往右手边望去，可见一树树枯木耸立，葱绿中显出一片很不协调的萧瑟景象，这便是"乌木林"。乌木本在地下深处埋藏，这些早已没有了生命的树木，现在又重新站立起来，向人们诉说着久远的往事。

金沙遗址博物馆精心打造的"乌木林"，有乌木60多棵。这些乌木都是成都及附近地下出土，最重的有二三十吨，最大的直径超过2米，巨大的树干显示出不凡的来历。根据碳十四同位素方法测定，这些乌木距今已有12000～3000年的历史，是古老年代的遗物。金沙遗址博物馆本来被营造得林木苍翠，无枝无叶、黝黑的乌木林显得那么萧瑟，那么突兀。有人说，漫步在这乌木林中，仿佛能听到这些漆黑的精灵在诉说历史的沧桑，让你宛如来到与世隔绝的神话世界。说得不错，乌木林中果真有这样一种意境。

乌木的形成

乌木，顾名思义，是乌黑的木头也。不过，同样称作乌木的对象，却并不一定指的是一回事。乌木至少可分作两类，此乌木与彼乌木，并非是同一样的物件。

一般较大范围通常所说的乌木，又名黑檀，属柿树种。柿树属种分布于热带、亚热带及部分温带地区，显黑色心材者主产于亚洲热带和非洲，我国台湾、海南和云南等地有出产，是名贵的工艺雕刻、乐器和家具用材。

与这样天然生成的乌木不同，还有另一种后天环境中变化而成的乌木，这才是我们要说道的对象。

三星堆与金沙遗址周围，都曾出土过一些乌木。这些乌木并不是上面说的柿树种之类的天然黑色心材之木，它们通体的乌黑颜色是后天形成的。

乌木是四川地区对阴沉木的一个俗称，是树木因地震、洪水、泥石流埋入淤泥中，在缺氧和高压状态下因细菌等微生物的作用而炭化形成的，所以又称为炭化木。东北松花江流域又称之为“浪木”或“沉江木”，与川人的说法不同。

可以形成乌木的树种很多，一般见到的有麻柳树、青冈树、香樟树、楠木、柏木、红椿木、红豆杉、马桑、黄柳木、黄檗、槐木、铁力和檀木等。有分析认为这些木材的共同特点为耐潮、耐虫、耐腐，油性较重，一般像这些带有香味和杀菌特征的树种，才有可能形成乌木。

经历这样的变化形成乌木，需要的时间可不短。树木埋藏在地下的岁月，是以千年计、万年计的，在漫长的黑暗中改变了容颜。

成都附近的古河床，是乌木集中的分布区域。因为有了这么多的乌木，我们不仅可以了解附近的古地理环境，而且还可以了解环境的变化。大量的树木沉入古河道，一定是一些突然的灾变造成的，这些灾变曾经对三星堆和金沙人及他们的先人带来过怎样的影响，应当是学者们关注的另一个很重要的话题。

金沙乌木林，萧瑟中显出一种雄壮，一处别样的历史风景

金沙遗址博物馆的乌木林，是目前全国规模最大的乌木群。这些乌木有的就是出土自金沙遗址，所以有研究者推定从前这里曾是一片林木繁茂的宝地。现在的金沙遗址中心区，原本就被附近的居民称为"乌木沱"，过去就常有乌木出土，近些年的考古又发现了一些乌木。就在金沙遗址出土文物最集中的地点，地下发现了一棵乌木，直径达2.1米，测定它停止生长于距今3500年前，树龄有1500年。

乌木是考古学家解读古成都一带生态环境的一把钥匙。检测得知，乌木林的这些乌木树种有麻柳、红椿、香樟、楠木和马桑等，它们告诉我们的，是它们生长时代的气候信息，是成都附近从前的环境信息。

我们自然没有想到，成都附近一带原来有过茂密的森林！

我们还可以想象，生活在这森林中的动物会有哪些呢？这些林木与动物又都给远古的人类带来过怎样的帮助呢？

乌木的用处

乌木的发现是非常偶然的，乌木本属稀有之物，自古以来就被视为名贵木材。正是因为稀少，乌木的制成品甚至是地位尊贵的象征。古时一些达官贵人和文人雅士对乌木特别追捧，他们将乌木家具和雕刻艺术品当作传家与镇宅之宝。在明清时期，有的地方将乌木作为建筑房屋和制作棺木的首选。

乌木有特别的品质，首先是它的材质比较坚硬。它的颜色特别深沉，呈褐黑、黑红、黄金或黄褐色。其次是它的切面光滑，木纹非常细腻，如果打磨得法，可达到镜面一般光亮的效果。乌木非常坚硬，据说用电锯会锯出火花来。雕刻时的手感很好，特别适于表现细腻传神的作品。乌木有的接近紫檀质地，它不易腐朽，也不会生虫。有了这么多的优势，被认为是制作艺术品和仿古家具的上佳材质也是理所当然了。

在故宫博物院的珍宝馆，珍藏有乌木雕刻的古代艺术品。过去有这样的诗咏乌木："阴沉由来世上稀，可同珠玉斗京畿。泥潭不损铮铮骨，一入华堂光照衣。"在京城里，乌木与珠宝比价，洗却泥淖之后，皇宫里也闪现着它的身影。乌木的品质与价值，在这诗中表露得很充分了。

今天的蜀人对乌木有特别的偏好，视乌木如珍宝，用它加工成各类根雕、山子和文房用品，制成仿古家什，是现代家居高雅的陈设品。不知道在古蜀时代，在金沙人的时代，人们是否对乌木产生过什么兴趣。

树木年轮：准确地记录年代

年轮，是一个我们很熟悉的词。一年一个圆轮，这是岁月赋予树木的标记。

从树木的横断面上，可以看到它的年轮。树木年轮其实并不是圆圆的样子，它有宽度和密度的不同，这是因为树木享受到的周围环境不同的缘故。通过树木年轮密度测定，可以获取研究气候变化的资料，这是树木年轮气候学的新研究领域。年轮密度测定除了推断气候要素的年际变化外，还可了解树木生长时期季节的变化情况。

树木年轮还可以用于断定年代，称为树轮年代学，被看作是现代最精确的断代方法之一。它的工作原理也并不复杂，树木每年春长秋止，树干一年会长大一轮，树干横截面上会显现出木质疏密相间的同心圆圈，这便是年轮，年轮的数目就是树木的真实树龄。年轮的宽窄与气候条件密切相关，旱年生长较慢年轮就窄，雨量充足的年份生长较快年轮就宽。

在同一气候区中，相同种属树木的不同个体在同一时段年轮的宽窄谱是相似的，先后生长的树木会有这样的共同生长期，它们的年轮可以由重叠部位互相衔接起来。只要找到适当的树木，这样一个时期一个时期地接续下去，就可以将树木的连续年轮一直衔接起来，建立起地区主年轮序列。这可以看作是反应气候变化的一部编年史，同一气候区的古代木头样品的年轮谱，放到这个主年轮序列比照后，就可以很容易判定出非常准确的年代来。

这个方法似乎显得比较笨拙，不过它非常直观，也非常准确。

树轮年代学创立于20世纪初，研究者当时在美国西南部上百个考古遗址中搜集了成千件木结构样品，将年轮重叠互相衔接后，可以上溯到距今2000多年以前。当今世界的许多区域都建立起了主年轮系列，现在已经得到的世界上年代最长的主年轮序列，是用美国加利福尼亚白山上的刺果松建立起来的，年轮已可上溯至距今1万年以前。

用树木接续起这1万年的时光，可不是一件容易的事。

树木的年轮，清晰地记录着它自己成长的历史，也记录着气候变化的历史

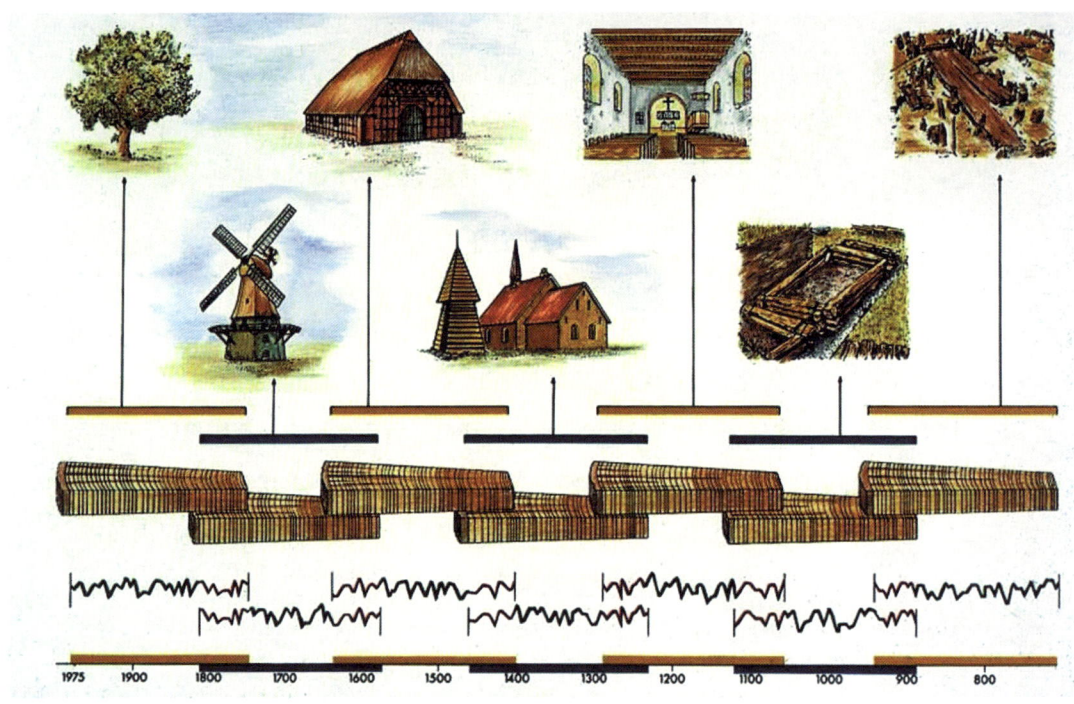

1975 1900 1800 1700 1600 1500 1400 1300 1200 1100 1000 900 800

树木年轮可以接续成长长的历史，历史也可以在这样的接续中露出清晰的年轮来

　　有了树轮年代学，在考古上可以用它对碳十四年代进行校正，树轮的年代相当于精确的日历年代。

　　树轮年代学有特别的分析方法。对于考古样本，知道最外层的年轮是否是砍伐年代是非常重要的，知道了砍伐年代就可以确定树木所属的遗址的年代。

　　在中国还没有完成能延伸到史前时代的树轮年表，通过年轮对考古遗址进行定年，还有许多工作要做。

用碳十四同位素测定年代

乌木的埋藏年代，根据碳十四同位素测定，有的有一万年以上的历史。用这个方法测定的木炭标本的年代，应当说是相当可靠的，这是现代科学技术引入考古研究领域非常成功的一个范例。

考古学家们过去判断相关文物的年代，一般都是依据前人和自己长年积累的经验，虽然可以十拿九稳，但悟出的年代却并不是具体的数字，只是一个大概而已。有了碳十四同位素方法后，没有文字记载时期的古代遗物遗迹的年代开始有了比较准确的数据，考古研究也因此迎来了一个新时代。

放射性碳十四同位素断代法，操作起来显得较为复杂，试管试剂需要一大堆，但原理却比较简单，它是利用死亡生物体中碳十四不断衰变的原理进行断代的技术。美国芝加哥大学威拉德·弗兰克·利比教授1949年开始最先用这个方法进行考古年代测定，常用的标本有木炭，炭化的种子、果实，还有骨头、毛发和贝壳等。放射性碳十四同位素断代现在又分常规法和加速器质谱法，误差可由树木年轮断代对比进行校正。

1936年科学家卡门发现并分离出分子碳的一种同位素，质量数是十四，被称为碳十四。不久柯夫研究发现宇宙射线和大气作用后，确认射线中子的最终产物是碳十四。利比是研究放射现象的自然科学家，他也喜欢考古和历史学，他十分敏锐地感觉到，这也许是解决考古学年代测定的一个突破口。在1946年的圣诞节，利比将自己的研究目的透露给考古界，维金基金会看到了这个研究的实用前景，为利比提供了科学研究资金。1949年，利比终于成功地发明了碳十四测年的常规方法，他也因此获得了1960年的诺贝尔化学奖。

考古学最基础的一个研究方面，就是确定遗址和遗物的年代，而碳十四测年技术为这个目标找到了一把钥匙，这被看作是考古学技

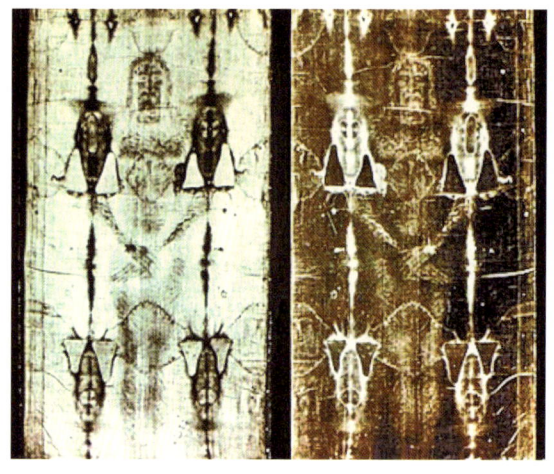

经实验室进行碳十四检测，证实都灵裹尸布只有七八百年的历史，是中世纪的产物，不可能是传说中耶稣时代的遗物

术的一次革命。开始这项运用碳十四测年技术得到的年代精度不够，误差有时达到数百年，这自然是一种遗憾。后来又采用树木年轮年代曲线进行校正，将测定的年代误差缩小到只有几年，对于考古研究而言，这是很了不起的事情。

碳十四测年技术的原理是：

空气中氮气和氧气在宇宙射线的作用下，组成氮气的氮原子发生变化，原子核由原来的七个质子变成了六个，成了碳元素的一种同位素，它的质量数是十四，这便是碳十四。碳十四的原子核的特点是具有不稳定性，它会放射出中子变回氮原子，科学家发现这种变化的速度是每过5730年减少一半，这就是碳十四的半衰期。半衰期，就是衰减一半所需的时间。生物体内的碳十四含量与大气基本保持一致，但生物死亡后因新陈代谢停止，体内的碳十四开始衰变，测定出碳十四的剩余含量，通过计算就能知道它停止生长的年代。

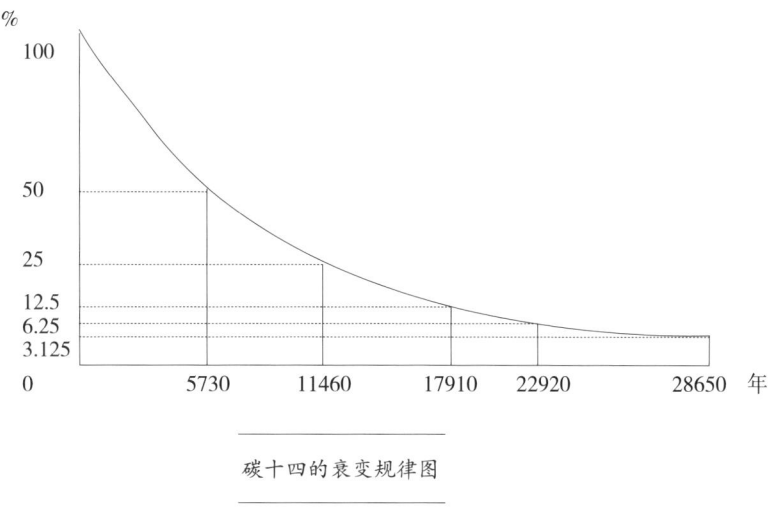

碳十四的衰变规律图

中国碳十四测年的成果

在利比研究碳十四测年技术成功发表成果之后六年，这项技术被介绍到国内来。

几年之后，由中国科学院物理研究所调到考古研究所的学者开始筹建中国第一个碳十四实验室。起初所能掌握的唯一资料，就是利比的《放射性碳素测定年代》原著，没有任何现成的仪器，没有任何经验。经过四年攻关，完成了全部设备的配装工作，后又经三年调试和改进，中国第一个碳十四实验室终于在位于北京王府井大街的考古研究所诞生。这是1965年的事情，中国的碳十四测年由此走过了近半个世纪。

1976年中国发表了第一组考古碳十四年代数据，随后中国有十几家碳十四实验室相继建立，碳十四年代研究形成相当规模。

碳十四实验室测出的考古年代数据成百上千，解决了许多考古上的疑难问题。如北京周口店出土的"山顶洞人"，过去一直认为是距今10万年左右，经碳十四测年为距今约一万九千年。碳十四测年对中国考古学的最大贡献，应当是对史前考古学研究的推动和深化，在数千个碳十四数据测定研究的基础上，一个比较清晰的旧石器晚期以来中国史前考古年代表大体建立起来。

以往考古学家对于史前各种文化的绝对年代的判定，几乎完全建立在主观臆测或推论上。由于碳十四测定年代方法的采用，不同地区的各种史前文化有了时间关系的框架，史前考古学有了确切的年代序列。一个考古学文化如仰韶文化的年代，过去为它确定的年代随意性很大，你说是距今三五千年，他说是距今五六千年，谁也说服不了谁。有了碳十四年代数据，这些争议便都成了历史，原来仰韶文化的年代在距今7000～5000年，延续达2000年之久，比学者们的推断要早得多。

在夏商周断代工程中使用系列样品方法进行年代测定，使考古年代误差缩小，为建立夏商西周的考古年代框架作出了重要贡献。

以后又有了一种新的碳十四年代测定方法，是用加速仪质谱学作碳十四分析，明显提高了测定精度，而且所需的实验标本的量很少，只需几毫克就可以了。碳十四年代测定方法以后也许还会有一些改进，科学就是这样一步步向前发展的。

碳十四年代测定方法可以解决许多年代判断方面的争议。在都灵天主教堂保存着一块耶稣裹尸布，关于它的真伪众说纷纭。为着揭示真相，1988年教会同意采用加速仪质谱学作碳十四分析。不列颠博物馆考古专家和大主教在尸布上面剪下一小块布条，分成三小块送到三家权威实验室进行测定。结果三家实验室的测定结果非常一致，这块裹尸布的年代为公元1260~1380年。原来裹尸布是中世纪的产物，它也就不可能是传说中耶稣时代的遗物了。一个传说布下的迷雾，就这样在科学面前被澄清了。

古蜀人的房屋建筑形式

历史风雨过后，曾经繁华的都市，都已经成为废墟。那些堂皇的宫殿，还有街市上的民居，早已不知去向。废墟上也会成长起新的都市，它会将废墟重重地压叠在地下。这样的历史偶尔会在不经意间被翻开一角，我们得以由废墟解读那曾经辉煌的一些篇章。

古代人们居住的房屋，早已被一代一代的新建活动摧毁。又因为中国传统建筑是以土木结构为主，更不容易保存下来，能够存留的不过是一些没有完全毁弃的基址。考古学家通过偶尔发掘到的古代房屋基址，还是可以得知大概的建筑形状，这样的发现甚至可以大体复原古代的建筑发展史。

古蜀人的居住建筑，正是在陆续进行的发掘中得到了一些了解，让我们对恢复当时的建筑形式与建筑技术，有了一些可信的参照。

古蜀时期的居住形式，大体分为平地起建和高架干栏两种。在成

考古发现的一座7000多年前的村落遗址，由排列整齐的
房屋基址，可以复原出当时的村落布局，了解众生的居
住生活

都城内的十二桥、抚琴小区、方池街、君平街、指挥街、盐道街、岷山饭店、岷江小区和黄忠村等处，都先后发现了建筑基址。

平地起建的居址，要先挖沟打墙基，然后立柱架梁，起竹木骨泥墙，上铺草顶。

比较考究的是干栏建筑，十二桥的发现具有代表性。有一座干栏式建筑长30多米，先将尖头原木桩打入土中构成桩网，在木桩上

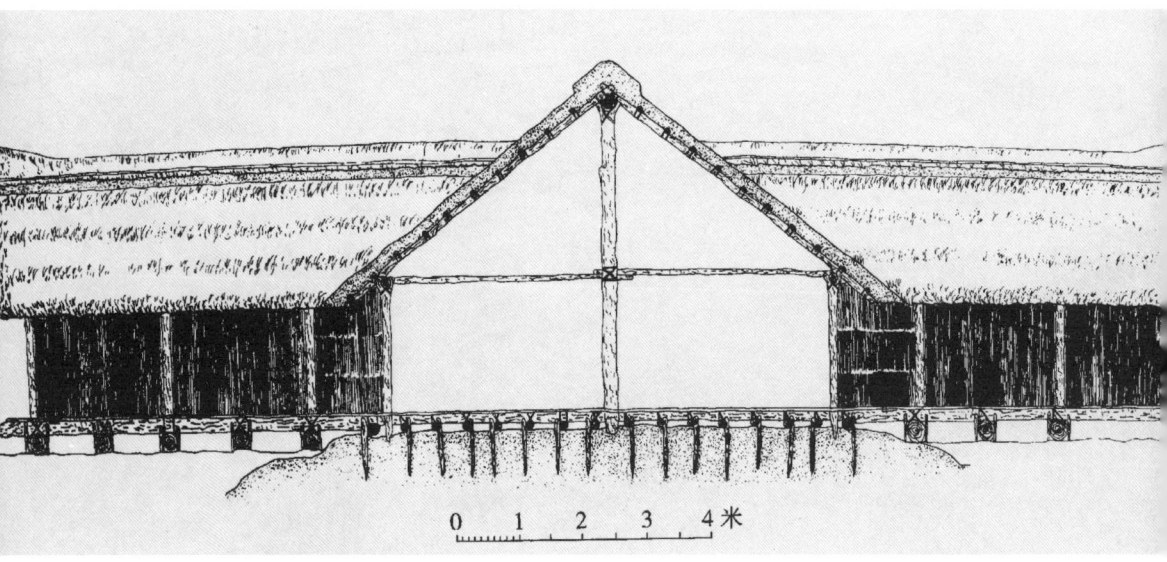

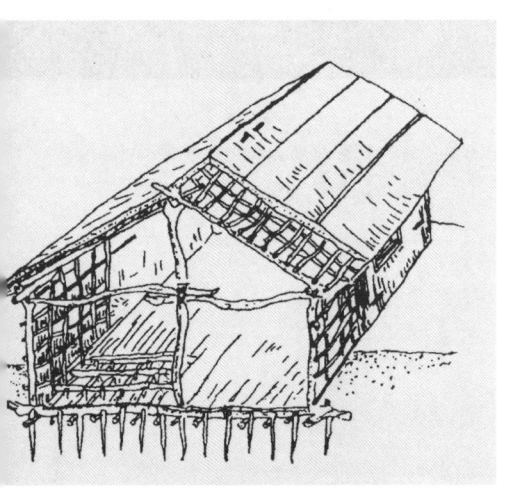

成都十二桥遗址发现金沙时期的大型干栏建筑遗迹，复原起来的建筑相当壮观

绑扎纵横地梁，在上面铺设木板为居住面。房顶为两面坡，檩椽上铺茅草。

为何要建筑这种高架式干栏房屋呢？

只有一个缘由，叫作因地制宜。干栏一般上层住人，下层圈养家畜或置放器具，可防蛇、虫、洪水、湿气侵害，是南方气候潮湿地区的首选居住形式。

距今7000年前的浙江余姚河姆渡发现最早的干栏式建筑，在南方其他地区考古发掘中也常有发现，也见到不少陶制干栏式建筑模型。

"干栏"的名称，应当来自少数民族的语言。壮族语言说"干"是"上面"的意思，"栏"是"房屋"的意思，即是"上面的房子"，其实也是楼屋之意。

说到干栏，我们会想到吊脚楼。吊脚楼也属于干栏式建筑，与一般干栏有些区别，吊脚楼有一边不悬空，是一种半干栏式建筑。吊脚楼常建在河岸与坡地，居住优势与干栏接近。

古蜀王宫殿的规模

从出土金玉类文物的等级看，金沙应当是王者之都。可是王者之都应当有宫殿园囿建筑，为何没一点踪迹可寻呢？蜀王一定有自己的宫殿，虽然可能是茅茨土阶，也一定会找到一些证迹。

在金沙遗址的北部区域，一个新的发现让我们看到了一种解密的希望。那里共发掘出古蜀时期大型建筑基址7座，其中160号和161号最为重要，方向为西北—东南向，平面为长方形，两座房址南北平行相对，建筑形式相同，立大型木柱，都是木骨泥墙。它们应属于同一时代一组建筑的不同部分，是宫殿基址。160号基址长31米，还建有宽2.4米的廊檐。161号更大，长达50米，也有檐廊。建筑采用木骨泥墙方式构筑墙体，空间结构为"前朝后寝"的复合四合院式布局。都是平地挖槽起建，没有夯土台基。单体建筑面积大都在100～500平方米，各自独立。

　　过去在附近也发掘出一些古蜀时代的建筑基址，建筑结构相同，方向也一致，属于同一建筑群的不同组成部分。这些大型建筑基址等级高，布局有序，发掘者推测是蜀王宫殿遗址。宫殿区总面积超过1万平方米，规模相当大。

　　161号宫殿已揭露面积达560余平方米，这样的规模堪比同时期的商王宫殿，可谓壮观非常。当然这样的宫殿还不易复原出完整的原貌，知道了平面格局，并不了解高度几何；可以推测还是泥墙草顶，大虽大矣，还并不显十分奢华。当然殿内的陈设，可能就不一般了，祭礼区出土的那些金玉宝物，原本应当都是王宫里的珍藏。

金沙宫殿基址发掘现场，虽然只见错落的
基址，昔日的堂皇仍然可以感受出几分来

想一想吧，蜀王当年就是在这样的宫殿里，勤勉地经营着初期的天府之国，同他的子民一起，创造了灿烂的古蜀文化。

金沙九个大洞是祭台遗迹

在金沙博物馆遗址展示大厅，罩着的是一处尚未发掘完毕的考古现场。这里已经出土大量精美的金玉制品，还有许多象牙和兽骨等等。在这些珍宝埋藏的区域，还发掘到一处特别的遗迹，有9个排列有序的大洞让人望而生疑，这些大洞有何用处呢？

我们现在能看到的大洞，实际上是七个。在一角因土层被破坏，有两个洞可能毁掉了，所以发掘者推测原来应有九个洞。在这些洞的洞底都发现了残留的朽木，证实它们都应是柱子洞，考古上称为柱洞。柱洞是建筑过程中挖成的，建筑毁弃之后，柱洞就成了解建筑形式唯一的证据。

金沙遗址大柱洞遗迹，被认为是祭台建筑遗址所在，九根粗大的柱子可能搭起一座高大的祭台，隆重的祭典应当是在这上面举行的

那金沙这九个柱洞是什么建筑的遗存呢？

这些柱洞的直径都在50厘米以上，立起来的木柱比较粗大。九个柱洞分布在近20平方米的土层中，非常整齐地排列成一个长方形。推测这九根柱子支起来的，一定是一个高台建筑物，因为这个建筑正处在祭祀区中心，所以发掘者认为它可能是金沙人的一个高大的祭台。

说是"近500年时间，金沙人一直在此地举行祭祀活动，所以这块区域才能出土如此众多的珍宝"。

如果这是一个祭台，台是西北东南朝向，这个方向是否有特定的意义呢？

有关学者在对金沙祭祀区这九个柱洞进行勘测后，发现九个洞规则性的连线与地球北极方向成22°～25°夹角，均值为23.5°，这个度数等于"黄赤夹角"（黄道与赤道夹角）。有的专家据此提出了一个新的猜测，认为3000年前的古蜀先民就能够根据太阳的运行轨迹判断季节的更替，进行相应的祭祀活动。每年春分即阳历3月22日前后，初升的太阳正好和祭台的朝向吻合，也许古蜀人正是选择在春分时节，在太阳升起时举行大型祭祀活动。

所谓黄赤夹角，是指地球公转轨道面与太阳公转轨道面之间的斜交夹角，太阳的回归运动是在黄赤交角之间进行的，在两条回归线之间出现了太阳的直射现象，所以夹角的存在使地球有了四季和五带的变化。黄赤夹角会有周期性变动，现在是23.5°，变动范围介于22°～24.5°。每一个变动周期为4万年，看来我们是不可能感觉到这种变化的。

试想一下，高高的祭台上下摆满了各色祭品，当太阳冉冉升起的时刻，或

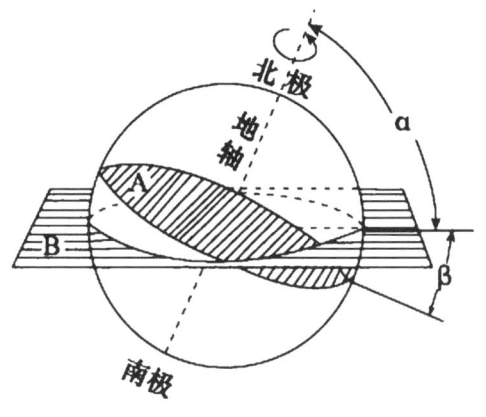

黄赤夹角示意图

是太阳即将落下的时间，巫师缓步登上了高台。也许还有乐有舞，一番虔诚的祭祷之后，巫师从上天领来了神的旨意。最后是献祭，无数祭品被倾倒在河中，被埋进泥土。沟通天与地，沟通神与人，祭台在人们的心中崇高而神圣。

这样看来，古蜀人留下的遗迹遗物里，一定还有不少未知之谜有待破解，我们还得多多努力。

古蜀最大的船棺

现代城市之中保留有古代的大墓，这本身就是一件稀罕事。可在成都市中心不仅发现了这样的大墓葬，而且还是巨型船棺葬，更是一件稀罕事。

这是一座大型船棺墓，墓中放置的船棺不仅数量很多，规模也很大。墓穴平面为长方形，长约30.5米，宽约21米，方向为东北—西南向。墓坑中存棺具17具，有船棺9具、独木棺8具。其中的独木棺，其实也是一种船棺，像独木舟一般。

这一批船棺普遍较大，一般长度在10～11米，所用木材直径达到1.6～1.7米。最大的一具船棺长达18.8米，直径超过1.5米。要两个人才能合抱的大树才能制成这样的船棺，树龄应当在千年以上，鉴定证实树种为珍贵的楠木。

楠木在南方温湿环境生长，以川产特别是成都附近山产最佳，多生长在海拔1000～1500米的山谷。后代宫廷大量伐用楠木作建材，北京故宫及京城许多古建多采用楠木做梁柱，因为楠木不腐不蛀，而且幽香久存。胸径长达1米的楠木非常少见，而成都古船棺用材都远远超过了这个尺度，实属罕见。

如此数量之多、体量之大的船棺这样集中发现，是考古上的一个奇迹。

成都商业街古蜀大型船棺葬，规模之大，前所未见

这些船棺的随葬器物比较丰富，保存也较好。有陶、铜、漆、竹木器，以漆木器数量最多，造型与漆绘精美。死者有男有女，年龄最大的不过40岁，最小的只有7岁，也发现有殉人。

研究者认为这不是一般的墓葬，规模宏大的墓坑、巨型船棺、殉人、精美的漆器，充分显示了墓主人生前显赫的身份和崇高的地位，应属蜀国王族墓葬。古籍上说，蜀王开明氏子孙到九世开明尚之时，迁都至成都。船棺中埋葬的，有可能是末几代开明氏王族。

船棺葬的由来

人类生存离不了树木，死亡后也离不了树木。古中国人的观念中有入土为安之说，其实不仅要入土，还要入木，还要葬在木质棺椁之中。

古时棺木的形状，也是形形色色，随着时代的不同，地域的不同，表现出许多的变化。其中有一种船形的棺木，是比较特别的形式，南方地区不少地点都有发现，这也是一种比较特别的埋葬方式。有的地方还将船棺安葬在悬崖上，更显出许多神秘。

金沙也发现了古蜀时代的船棺葬，在遗址墓葬区内新发掘出不少船棺。这些船棺保存并不好，只是可以约莫看出一点形状。船棺形体比较小，一般长1米多，大的有2米多。船棺中放置死者的尸骨，脚边有陶罐等随葬物品，更多的陶器放置在船棺外面。还见到一座同穴双船棺的墓，墓穴比较宽大，墓主头枕几件陶器，全身洒有朱砂，随葬青铜剑、戈和矛等，还有一个殉葬人牲，身上也有朱砂。

金沙新见的这些船棺，多数应当是古蜀平民阶层的墓葬。

其实我们所称的船棺，有的也并非就是船的模样，严格一点定义，应当叫作船式棺，像船形，但并不一定就是真正的船。一般是取用一段整木制成，在中部刳出一个放置尸骨和随葬品的方仓，然后加

金沙发掘的小型船棺，葬具仅遗留下一些痕迹，不过还不影响考古人的基本判断

上一个棺盖。

　　将死者用船棺埋葬，是南方居民古老的丧葬传统。南方水网密布，河流纵横，大小船只是常用的交通工具。船只给人们的生活带来许多便利，当亲人去世后，会很自然地想到用船棺作葬具，也是为死者准备的冥世的交通工具。

　　也有研究者认为，用船式木棺作为葬具，是为着用船只通过水道把人的灵魂送回故乡。蜀地流行船棺葬，与蜀人沿水路送魂的意识有关。从这个意义上说，古蜀人的船棺应为"载魂之舟"。

　　以往在三峡和川东等古代巴人的活动区域常有船棺发现，人们习惯上认为巴人才有船棺葬。前几年在成都市中心区域发现了巨型船棺，人们才认识到蜀人也有船棺葬。而且这些船棺葬属于王族墓葬，它的等级与规模也是前所未见的。

运送大型船棺的难题

发现了这样大的船棺，在惊叹之余又会生出一些疑问：巨大的楠木砍伐不易，远途运送更是不易，它们是如何从山中运出来的呢？

水运也许是一个首先考虑采用的方法。利用现成的河流浮运木材，是在现代岷江中常见的风景，古蜀人一定也用了这样的方法。这水流是可以直接从山中通达成都城中的，为着将制作船棺的楠木运抵墓地选定的地点，再临时开挖一段小渠也是可能的。

大型船棺用珍贵的楠木制成，象征着一条独木舟。这船棺也着实巨大，是怎样运载又是怎样安葬的呢？

可是即使运到现场，安葬起来也不易，将那么沉重的船棺有序地排列好，又是怎样解决起重难题的呢？

这些疑问，我们现在都没有确定的答案。

彩绘木雕像是谁的像？

木质类的文物在潮湿的地下埋藏，超过一定时间很难保存下来，所以金沙发现这类文物很少。不过在遗址祭祀区发掘中，却非常意外地发现了一件彩色木雕神面像，而且保存得相当好，实属难得。

彩色木雕像在距离地表近 3 米的土层中发现，是用一段圆木雕成，长约0.8米。神面用圆雕工艺雕刻，五官毕具，凝眉眦目，方唇卷耳，在眉眼处绘有鲜艳的色彩。头上还有平顶冠，脑后有发辫。神人像雕刻完成后，又曾用暗黄色、红色、黑色和黄色描绘。神面像表情狰狞，显出一种威严肃杀之气。

这件木雕神面像，与三星堆出土的一种青铜神面像相似，表明这是同一题材的不同艺术表现形式。

看到这件木雕神面像，也很容易让我们想到商周青铜器上流行的兽面纹。商周青铜器上的兽面纹又称为饕餮纹，面目虽是狰狞，构图却非常严谨。三星堆出土的一些青铜器上，也见到中原风格的兽面纹，这一类艺术作品显然受到商周风格的强烈影响。当然肯定不仅仅是艺术风格方面的影响，还是信仰崇拜影响的结果。

这根木雕像的下部为尖头状，显然原本应该是插立在地上的。也许是立在一个公共场所，就像一根图腾柱一样，金沙人会对神像行祭拜之礼。那这件木雕神像到底标示的是什么神呢？有人甚至怀疑这是古蜀人心目中的神还是当时的蜀王呢？与青铜器上的兽面纹比照看来，木雕像属于神像的可能性更大，它不是一尊写实的王者之像。

这个问题还没有最终的答案，今后也许会有更多的类似发现，到那时答案可能会更准确一些。

三星堆青铜器上的兽面纹，与中原商周青铜器上的同类纹饰几乎没有什么区别

饕餮纹的含义

金沙木雕神像类同中原商周铜器上的兽面纹，商周青铜器上常见的兽面纹，又称饕餮纹，首先采用饕餮之名的是宋代《宣和博古图》，饕餮是古代传说中贪食的怪兽。

饕餮是一幅夸张的图案化兽面，面目威猛狰狞，构图非常程式化。兽面左右对称，以巨目为构图重心，是综合了多种动物特征而创造出来的一种恐怖形象，又可分辨为牛首饕餮、虎首饕餮、羊首饕餮、豕面饕餮和人面饕餮等。

金沙神面木雕像展开以后，觉得它与商周青铜器上的兽面纹没有明显区别。也许商人周人也有这样的木雕兽面，只是没有能保存下来而已

金沙出土神面木雕像，像是一根图腾柱，当初一定是立在某个地方供人顶礼膜拜

商

周

商周青铜器上的兽面纹，一幅
狰狞的模样，从宋代开始，很
多学者都称它为"饕餮纹"

饕餮纹究竟象征什么？外形是一个兽面纹，兽面纹最早可追溯
到距今7000年前高庙文化的陶器装饰，4000多年前良渚文化玉器上也
流行兽面纹。这种兽面纹多为半人半兽的形象，是人化的动物图像，
其实是神灵偶像。这样说来，将它说成是饕餮其实是并不妥当的，所
以有很多学者都改称它为兽面纹。不过兽面纹这个名称似乎也有些失
敬，叫作神面纹如何？

人类尝试在太空寻找，希望能寻找水分子存在的证迹，那也是在寻找太空生命的证迹。

　　水是一切生命的母亲，江河是奔腾不息的生命乳汁。水与生命连接在一起，它是勃勃生机的源头。

　　人类创造的文明成果，也都是来自江河的赐予。

　　大河给予远古人类滋养，幼发拉底—底格里斯两河的美索不达米亚文明，尼罗河古埃及的文明，印度河、恒河的文明，黄河、长江的华夏文明，都是大河哺育的巨子。

　　岷江也是一条母亲河，是古蜀人的母亲河。它也曾被当作是大江之源，哺育了南中国的稻作文明。

水

奔腾不息的生命乳汁

金沙之水的来路

在金沙遗址博物馆，遗址大厅和陈列馆之间，有一条小河穿流而过，它的名字叫摸底河。

每一处地名都打着历史或传说的印记，不过历史的一些片段不会总是那么清晰，所以有些古老的地名我们也就很难明晰它的来历了。北京除了大街就是胡同，它们的名字都有自己的来历，不过现时的北京人，恐怕很多都不知道他住的那个胡同为何有那奇怪的名字。读到成都人在网络上谈论自己居处的名字，有人说到"洗面桥"，传说是三国时刘备在那个桥下洗过脸，这当然不会是信史，但总比说是曹操在那儿洗过脸要可信一些。还有人说到"摸底河"，说是"不晓得由来了"。

这个摸底河，又有写作"磨底河"的，河虽不很大，可它恰好流过金沙遗址。去金沙时由遗址大棚到陈列馆，是一定要跨越这条摸底河的。河水蜿蜒流过，金沙人一定取用过河里的水，这摸底河曾经滋润过古蜀文化。

摸底河水也是来自母亲河岷江。摸底河上源分水于岷江，本名走马河。走马河在《宋史·河渠志》中称作马骑河，《四川通志》又称为双清河。走马河本来在灌县（今都江堰）马尔墩从岷江分水，后来李冰建都江堰改由宝瓶口进水。从宝瓶口流至郫县（今郫都区）两河口名为走马河，过两河口名为清水河，流入成都则名锦江。

摸底河为走马河的分支，在两河口起水，流至成都市百花潭还入锦江。所谓两河口，就是走马河至此一分为二，右为清水河，左即摸底河。

也有研究者特别看重这条摸底河，以为与华夏古老的建城规制有关。上古按"五行"祭祀天地，在统治中心要盖一座神庙作宇宙中心，作为王国与天沟通的圣地，这个中心名为"雒"。夏与周王朝的都城均名"雒"，广汉三星堆故城也名"雒"，应当是从中原承传的传统。雒作为都城有专门的布局规制，城必建在一条西北往东南流动河流的南岸，城北之水必称"雒河"，城则称"雒城"。

金沙为三星堆之后的古蜀都城，似乎也像三星堆城一样，北面也有一条河，应当就是现在的摸底河，也正是由西北往东南流动。所以有人认定这就是当年金沙故都所依的北面"雒河"。

如果真的是这样，对这条并不怎么起眼的摸底河，我们真的要刮目相看了。现在的摸底河，已经是一条城中河，流过金沙，流经闹市。殷明辉有《锦城500咏》之181首《摸底河》，咏的正是摸底河风光：

摸底河边的苇子

流过金沙的摸底河，一定改变了它原本的模样，金沙因为有了这条河显得更有生气

摸底河经闹市流，宜居楼苑鸟鸣幽。

肥蕉瘦柳相交映，养性修真释百忧。

到了金沙，可别忘了到摸底河岸看看。不过它为何有这样的名字，一时还真的难于考定。它又为何写作磨底河，只是读音的变化，还是另有原因，一时也不得而知。

古蜀文明消失的原因

我们知道，三星堆和金沙所在的天府之富庶，主要是得益于水，得益于岷江之水。在一些研究者看来，古蜀文明兴于水也灭于水，古蜀文明是被洪水无情地吞没了。

成都平原是因为有岷江，有都江堰，才有了天府之称。更早呢？在都江堰开凿之前，蜀人也能得水益，也会受水害，但是否水害足以灭绝古蜀文明呢？

这个天府，其实从5000年前的宝墩文化时期，就已经有了发达的农耕文明。成都平原发现的若干古城遗址，见证了这一区域的开发史。到了古蜀文明时期，这里更是同中原一样，又有了发达的青铜文明，成为中华文明重要的起源地之一。在有的人眼中，认为当古蜀文明发展到顶峰时，却突然消失（中绝）了，古蜀文明为何消失成了一个千古之谜。

且不说这个命题真伪如何，我们先来看看人们找到了什么答案。有的学者找到的答案是"洪水说"，即古蜀文明毁于一场滔天洪水，古蜀人的灭顶之灾同时也是古蜀文明的中绝之时。人们接着又要问：洪水之后，古蜀文明还存在吗？

研究者进一步解释说，古蜀文明确实因洪水而中绝。成都平原为岷江、渝江、石亭江、绵运河等大小河流的冲积扇连接而成，整个地

成都十二桥遗址发现的洪水踪迹，成排的房屋被大水冲毁，水流的方向是由西北到东南

势由西北略微向东南倾斜，平原上河湖沼泽密布，潜伏着洪水隐患。是持续不断的水患，逐渐蚕食了古蜀文明，古蜀人的城郭不断向海拔较高的地区迁徙，直至移出成都平原，或融入其他文明，或消失在征途上。

古蜀时代确曾为洪水所困扰，古蜀人为此付出了代价。古蜀经历了蚕丛、柏灌、鱼凫、杜宇和开明五个王朝，古蜀人对治水能人贤士推崇备至，传说鳖灵被蜀王杜宇任命为治水统领，鳖灵治水有功，深得古蜀人爱戴。杜宇禅让鳖灵，开明王朝建立。传说中的治水和禅让，客观上透露了古蜀经历的一次大洪灾。

考古发现的成都十二桥建筑遗址，考古学家看到房屋构件由西北向东南方向倒塌，认定是一次大洪水遗迹。三星堆遗址堆积层中，也发现一厚20～50厘米的淤泥，也应当是洪水遗迹。

传说和考古，都证实古蜀时代发生过大洪水，洪水也许摧毁了三星堆和金沙，却并没有彻底摧毁古蜀文明。我们好像有点夸大了洪水的破坏力，殊不知洪水过后，古蜀文明依然灿烂，天府依然富庶，三星堆城和金沙也都延续使用过一段时间。秦人设计取蜀，正是为这灿烂与富庶所吸引，战争摧毁的是古蜀王统治，古蜀文化在一定程度上依然还在延续。秦置蜀郡，太守李冰修筑都江堰，水患得到很好的治理，天府之国更加名副其实。

其实即便是北方秦汉文化的强制性输入，古蜀文明也并没有完全断绝，它是慢慢融入了秦汉文明之中。

古蜀人筑城的目的

自远古时代起，古蜀先人就开始了与水患的斗争。宝墩文化时期的成都平原，先后建起多座古城，这些城都是就地取土修筑，城墙修得很宽大，墙基底宽20～30米，上宽也该有10米上下。为什么要修建高大的城墙呢？有的研究者认为一是为防洪，二是为防卫。人们认为当时成都平原的主要危险是洪灾，构筑高大的城墙可以临时抵挡洪水的突然侵袭。到了古蜀时期，仍然维系着这样的筑城传统，主要也是为着防洪，三星堆的城垣就是为防洪避水而修建的。

古蜀时代发生过大洪水，这是没有疑问的，如《太平御览》引《蜀王本纪》说："时玉山出水，若尧之洪水"。《华阳国志》记杜宇时"会有水灾，其相开明，决玉垒山以除水害"。但是不是筑城就是为着防洪呢？还不能太简单下这样的结论。

我们知道，现在已经发现的这些城址，包括三星堆城在内，首先它们的选址似乎就没有将防洪需要放在第一的位置。这些城址所在地的位置，与周围地势比较起来，并没有明显高出多少，或者说大体差不多。仅此一点我们便可判定，古蜀和蜀先人的城主要并不是为防洪而修筑的。

其实成都平原并非是严格意义的平原，它并不平坦，正是因为不平坦，所以洪水袭来还会有高冈和丘陵可供逃生。在高冈上比起在土城中，要安全得多。再说城居的人，总归还是少数，平民都在乡野，他们自有避险之路。三星堆的东西城墙长度应在1800米以上，东城墙保存尚可，而西城墙却被鸭子河冲毁坏一半还多。当时的三星堆城墙不可谓不坚固，墙基宽在40米以上，可还是没能阻挡住洪水。史前时代的那些小城就更不用提了，它们不会是用于避洪的工事。

有人对三星堆城墙"防洪说"还提出了这样的质疑：从城垣选址上看，东城墙和西城墙介于鸭子河与马牧河之间，与两河垂直，根本起不到防洪作用。南北两河对城墙本身就是个很大的威胁，这样的城墙又怎能保得住蜀王和他的子民平安呢？

有人写出的下面这些话，是一个大胆的猜测：

正是由于一次大洪水的突然到来，金沙遗址就这样毁灭。当时古蜀人根本没有预见到有大洪水，他们仍然还在进行着他们平常的工作，这就是在金沙遗址有那么多金、玉石器和它们的半成品等贵重物品都来不及转移走的原因。不但贵重物品来不及转移，就连人也很有可能遭到了灭顶之灾。洪水退后连这些宝贝的下落也无人知晓，更无人打捞了。

为什么这次洪水来得如此突然，古蜀人连一点防备都没有，显然这不是一次天降大雨而引发的洪水，降大雨到洪水来临应该有一段时间，古蜀人完全有时间去转移他们的这些宝贝。

很有可能是岷江上游发生了一次大的地震或者岷江的某处江岸发生了一次大的滑坡，岷江被垮塌的山体雍塞堵住了，江水形成了一个大湖，而当雍塞体被高涨的江水突然冲开后，滔天的巨浪以不可阻挡之势冲向成都平原，造成了毫无防备的古蜀人以及金沙遗址和周边其他古蜀遗址的毁灭。

鳖灵治水的传说是怎样的？

传说古蜀第一代开明帝称丛帝，原名鳖灵，本是蜀王杜宇之相。因治水有功，使蜀国"民得陆处"，后杜宇禅让称丛帝。又说是鳖灵兵变，逼死杜宇后自立为丛帝。

鳖灵是东方楚国人，失足落水淹死，尸首却逆流而上，一直上漂到郫。鳖灵被打捞起来后竟复活了，望帝与他相见，非常赏识，叫他做了蜀相。

不久大洪水暴发，玉垒山挡住江水通路，蜀民痛苦不堪。鳖灵引人治水，将玉垒山凿开，使江水畅流而下，解除了水患。鳖灵治水有功，望帝自愿把帝位禅让给了他。

鳖灵行迹见载于《华阳国志·序志》，所谓"荆人鳖灵死，尸化西上，后为蜀帝"。又《后汉书·张衡传》所引张衡《思玄赋》，说"鳖令殪而尸亡兮，取蜀禅而引世"。传说已经神化，不过由神异的故事中，大体还是可以看到一些历史的影子的。

我们相信曾经发生过大洪水，却不能相信这是真实的故事。金沙的那些宝物其实并不是毁于大水，它们是金沙人有意埋藏起来的祭品。

其实这些早期的城邑，它不仅防不了水灾，也防不了兵灾，它只不过是政治的一个象征。

人类征服了火，也许那是百万年前的成就。

人类学会了用火，学会了造火，有了光明，有了温暖，有了熟食。

因为有了火，后来又完成了许多科学创造，发展了艺术，拓展了信仰。

熟食开始了。

熟食扩大了食物品种，增强了人的体质。熟食为大脑智力发育提供了更多的养料，熟食还减弱了咀嚼机能，使得牙齿变小，颌部缩短，熟食改变了人类的容颜。

创造开始了。

人类借助于火发明了陶器，烧陶改变了黏土的性质，创造出第一种人工材料。陶器发明后巩固了人类的定居生活，将烹饪提升到一个新的高度。

制陶中发明的陶窑，在不断改进中获得更高的炉温，终于导致了冶金术的出现，开创了人类的青铜时代。

火是技术，是工具，是武器，人类在炽腾的烈焰中不断收获着希望。

火

热情献宝的炽腾烈焰

点燃古蜀圣火

古蜀人用火烧陶,用火冶金,用火烹饪,用火创造了辉煌的古蜀文明。

古蜀人的祭典上也点燃着圣火,那是希望之火。在祭仪结束之前,许多的祭品和祭器,都要投放到烈火中焚烧,圣火熄灭了,所有的祭品和祭器都与灰烬一起瘗埋。三星堆祭礼坑中的那些神器,在埋藏时要砸毁,还要用火再焚烧。金沙祭祀区的许多出土文化遗物,也

金沙祭祀区发现的大量象牙,埋藏时都经火焚烧过

都经大火烧过。大量的象牙，也都曾投向圣火，也都被瘗埋起来。

古蜀人在祭仪中，虔诚地献出了珍藏的象牙、石器、金器、玉器和青铜器，为点燃的圣火，他们愿意献出一切。

《吕氏春秋》说，"有年瘗土，无年瘗土"。古代祭土祭地的仪礼就叫作"瘗"，是说谷物有了好收成就要祭土，以感谢大地的恩赐；谷物没有收成也要祭土，祈求地神消灾赐福。

中原古代瘗礼还有许多的名目，祭地埋牲和玉帛叫作瘗坎，祭山埋玉叫作瘗玉。古蜀人的瘗礼似乎是学自中原文化，也似乎更光大了许多，三星堆祭祀坑和金沙祭祀埋藏就是证明。

许多的祭品与神器，在埋藏之前都要经火焚烧。圣火焚烧神器为哪般？焚烧也是献祭的一种方式，也许古人以为火烧之后祭品就脱去了凡间的俗气，神灵们才可以更好地享用它们。

何谓青铜？

金银铜铁锡五金，我们都不陌生，尤其是铜铁，广泛用于生产和生活中。其中的铜，本色显红，具有延展性，是热和电最好的导体之一，而且是唯一能大量天然产出的金属。铜当然也存在于各种矿石中，如黄铜矿、辉铜矿、斑铜矿、赤铜矿和孔雀石，都含有丰富的铜。

正是因为天然铜易得，所以它就成为人类最早注意的金属，也是最早通过冶炼可以大量获得的金属。也正是因为如此，人类步入金属时代是从冶铜开始的。

当然，自然的红铜因为强度比较低，只是在当人们试验冶炼成功铜合金以后，它的应用价值才得到充分体现。这种大量产出的铜合金没有了铜原来的红色，外表氧化后呈现出暗青色，所以俗称为青铜。青铜是人类历史上的伟大发明，它是红铜和锡、铅的合金，也是金属冶铸史上得到的最早合金。正因为青铜运用广泛，所以人类的这一重

出土于殷墟的司母戊大铜鼎，代表着商代青铜冶铸的最高水准

要发展阶段被考古学家直接称为青铜时代。

青铜比红铜硬度高得多，而且熔点也比较低，易于熔化，也便于浇铸。随着含锡量的增加，锡青铜合金的硬度增加，韧性逐渐降低，颜色也由红变黄。当含锡量大于20%时，合金颜色转白。当然也并非是锡含量越高青铜就越坚硬，实际上只有在锡含量为12%～18%时强度最大。如果在含锡12%～18%的锡青铜中再加入小于6%的铅，机械性能稍有降低，但能明显降低熔点，可以提高溶液的流动性，铸造出的青铜器品质更好。

商周时代的青铜器，铜合金多是锡青铜和低铅（小于6%）的锡青铜。商代前期已经可以分别冶炼铜、锡、铅金属，初步掌握了配置熔炼青铜合金的技术。到了商代晚期，已经掌握了根据不同用途器物的合金配比法则，已能熟练地将铅含量控制在小于6%的范围，既保证了良好的机械性能，又最大限度地降低了熔点。当然一些非实用的器物，尤其是那些直接用于随葬的青铜器，常常使用铅青铜铸造，为的是节约更为稀缺的锡原料。

青铜技术铸就了青铜时代的辉煌，这是人类很重要的一个时代。古蜀文明拥有发达的青铜文化，它为中国青铜时代书写了光辉的篇章。

古蜀的青铜文明

烈火熔炼出了中国青铜时代。

中国青铜时代历经夏、商、周三代约1500年，铸造了大量青铜器，烈火熔炼出辉煌的青铜文明。古代青铜铸造以铜锡铅系青铜合金为主，合金配比规范，还发明了复合青铜技术。青铜器主要用铸造方法成形，以陶范铸造为主，辅以失蜡法铸造和各种装饰工艺。

烈火也同样熔炼出了古蜀人的青铜时代。

古蜀时期大量铸造和使用青铜器，由三星堆和金沙的发现足以证明古蜀青铜时代也同样灿烂。古蜀人将青铜器融入自己的生活，也融入自己的精神，青铜器上有他们的神话与传说，也有他们的祈盼与期待。

三星堆发现两个大型器物坑，大量独特精美的青铜器让我们目不暇接，将古蜀灿烂的青铜文化展示在世人眼前。集中发现的青铜器有尊、罍、瓿、戈、有领璧形器、方孔璧、大立人像、面具、人面像、跪坐人像、神树、神坛、铃、兽面、眼形饰、立鸟、龙形器、虎形器等，许多都是中原地区所未曾见到过的。最引人注目的是那些大型青铜面具和青铜雕像，展示了古蜀青铜文明一个非常神秘的侧影，古蜀青铜文化更多是在精神层面上得到了体现。

金沙虽然没有集中发现大型青铜器，出土小件器物也不少，器类与三星堆大致相似，两者的造型风格也有较多的一致性，青铜铸造技术应当是一脉相承的。如小铜立人与三星堆大铜立人像相似，都有着相同的手势。其他如铜立鸟、戈、璧形器、方孔形器、菱形器、眼形器、铃、蝉、鱼形器等，也都与三星堆器物风格相似。金沙也发现了一些三星堆不见的铜器，如螺形器、龙形器、喇叭形器等，造型独具一格。

古蜀青铜器装饰手法也是多种多样。如在青铜器上墨绘和彩绘，铜眼形器上有墨绘的瞳孔和眼眶。铸纹装饰也是常用的技法，也有时采用刻纹技法，如带柄有领璧形器上首尾相接的凤鸟纹，是在器物铸造完成之后刻画的。有的铜器上还有镶嵌装饰，金沙发现的与三星堆造型相同的铜虎器身留有凹槽，以三星堆铜虎凹槽内残留绿松石片看，金沙人也有用玉石片镶嵌铜器的技法。遗址中发现大量小块规整的细碎玉片、绿松石片，可能正是作为镶嵌的用料。

金沙遗址不见大型铜器，但却出土了一些大型铜尊和铜罍的残片。残片上有云雷纹衬底的夔龙纹，构图是典型中原青铜器风格。金沙铜器组合与三星堆相同，与中原系青铜器有别，如推崇尊、罍而不用鼎、簋、爵等，说明古蜀青铜文化与中原商周王朝的青铜礼器制度有明显差异。

金沙虽然没有出土大型铜器，但有些小铜器造型独特，有的也不知用途，让研究者颇费思索

铜璧上的三只神鸟

金沙还出土了一件比较特别的青铜器，它是一个环璧形，一侧有个突起的短柄，因为内沿起檐作突起状，称为有领璧形器。璧形器上铸有三只相同的飞鸟纹，首尾相接环璧面飞行。因为这鸟纹与太阳神鸟金箔上的鸟形相同，所以这个发现也备受重视。

两件器物上的鸟形虽然相同，但环璧上铸造的鸟纹仅是三只而不是四只。它们具有相同的意义吗？那为何四只鸟却变成了三只呢？

这件青铜璧形器的两面，都铸有三只飞鸟图案，鸟纹外面还有两圈旋纹。三鸟同形同态，圆眼钩喙，羽毛飘逸，引颈伸腿作飞翔状。一些研究者将它与太阳神鸟金箔饰相比，这件青铜璧形器不仅尺寸大小相近，图像纹饰所表达的象征含义也有异曲同工之妙。认为周围有凸起高领的圆孔，就是圆日的象征，三只神鸟同样是托负着太阳在宇宙中由东向西飞行，所以这件器物同样是古蜀时代太阳神话传说和太

金沙带柄璧形器，青铜铸成，上面铸有与太阳神鸟金箔一样的飞鸟图形，但上面的鸟是三只而不是四只

阳崇拜观念的产物。

还有一种解释说，这三鸟应当就是神话中所说的阳鸟三足乌。三足乌是什么形态，古籍中并无记述，汉代画像上见到三条腿立于日轮中的鸟，被认作是三足乌。实际上这可能是对神话传说的一种误读，也许应当就是三只鸟，而不是长有三足的鸟。在商周以后的图像纹饰中常见有绕日飞翔的三只神鸟，战国和秦代一些铜镜上有三鸟环日图，汉代瓦当上有绕日三鸟纹，表现的是同一个主题，三足乌应为三只鸟。金沙青铜有领璧形器上的三只鸟，也是对太阳神话传说中三足乌的形象表现。

有的研究者还援引《山海经》中三青鸟与五彩鸟的记述来论证。《西山经》说"三危之山，三青鸟居之"。而《大荒西经》说大荒之中西有王母之山，"有三青鸟，赤首黑目，一名曰大鵹，一名曰少鵹，一名曰青鸟"，又说"有五彩鸟三名，一曰皇鸟，一曰鸾鸟，一曰凤鸟"。《海内北经》还说，"西王母梯几而戴胜杖，其南有三青鸟，为西王母取食，在昆仑虚北"。三青鸟与五彩鸟都是三只，金沙青铜有领璧形器上的鸟纹正是三个，三鸟纹是否与这些神话传说有关呢？

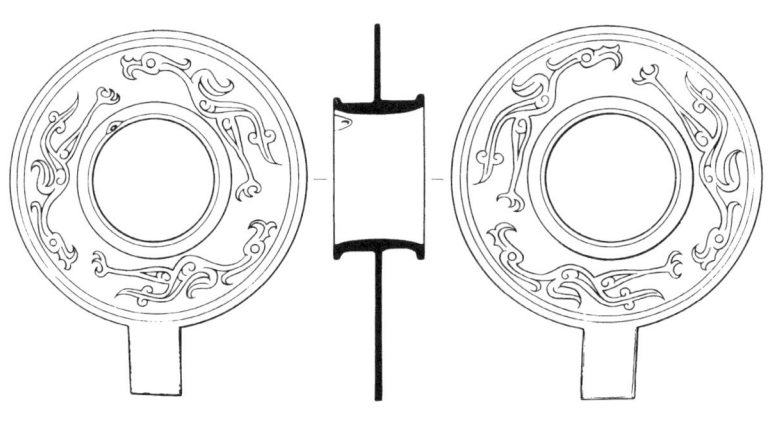

金沙青铜璧形器，正反两面铸出的飞鸟纹完全相同，都是三只鸟

如果三鸟与西王母关系密切，那它又不该充当阳鸟的角色，这样看来鸟纹铜璧形器似乎又与太阳神鸟金箔不能等同视之。看来对三鸟四鸟的解释，学者们也还不能说有了最终的结论。

金沙人的冶铸技术

金沙遗址出土大件青铜器数量并不多，保存完整的都是形体较小的器物，大件器物只见到残片。通过这些铜器的研究，对古蜀时代的冶铸技术可以有一个初步的了解。

金沙铜器铸造工艺与三星堆的基本一样，多采用一次性浑铸，或分铸然后再浑铸为一体。铸器多用陶范，以双面合范为主。三星堆的铜器也都是采用陶范法铸造成形，大多数人面像、兽面像和小型器物都是浑铸成形。

金沙出土小铜立人和铜牛首铸造工艺较为复杂，铸件精良。牛首正中遗留有范铸产生的范缝，铸件应为合范铸成，颈部中空使用的是泥芯。金沙出土的一件小铜铃，也是用两范浑铸而成，两侧可见铸缝。

金沙发现的一些青铜容器残片，具有典型中原青铜器的特征，使用的是块范法铸造成型。

通过对薄片形铜器残片进行金相显微

金沙出土的铜铃，顶部有桥形纽，两侧均有长方形翼

镜、扫描电镜检测，了解到青铜薄片基体是铜锡二元合金，经过了煅制和结晶再退火处理，片料薄而更有韧性。在铜片表面镀有一层含量很高的锡铅合金薄层，具有很好的耐蚀性，表面颜色为光洁的铜黄色。

从三星堆到金沙，我们知道古蜀时代的冶金铸造技术已经非常成熟。这其中哪些技术是来自中原，哪些又属于蜀人的独创，还有待于深入研究。

金沙出土的铜人形器，也许又是表现着一个古蜀本土的神话故事

"模范"的原意

陶范法在黄河流域自青铜冶铸工艺出现开始，应用就非常广泛，而且一直是中国青铜器的主流铸造方法。陶范材料采用多种原料配置，经特定工艺处理后具有良好的铸造性能。制范技术又有复合模范与印模块范拼合工艺的不同，浑铸、分铸和铸接都离不了陶范法。

陶范配料由原生土等多种材料组成，经特定工艺处理后具有良好性能。在制范之前，一般都要先制作泥模，这个泥模其实就是未来成品的模样。然后在泥模上分块翻制泥范，制作泥芯和浇注系统。泥范在浇注之前，必得经过600℃～850℃高温的长时间烘焙，脱除水分的泥范就变成了陶范。有人称此为泥范，也有人称此为陶范，无论说它是什么都是一个意思，它就是由内模上脱下来的范。

这便是现代汉语常用词汇"模范"的真实来历，它原本是青铜铸造的工艺。"模"是用于制范的原型，也是成品的设计模型；"范"是依照模型脱制出来的铸型。"模"与"范"决定了青铜器的形状，后来"模范"被用于代指同类中事物最为完美者，又引申为值得仿效的人或物。

到了现代社会，模范更是成了典型优秀人物的代称。仔细一想，这样的引申意义还是非常生动贴切的，一个社会真的是需要各种各样的模范。

古蜀人的铜矿原产地

　　根据文献记载，夏商周三代都曾有过频繁的迁都之举。特别是商代，前后迁都共达13次之多。为何要这样频繁迁移呢？有学者认为，青铜器在三代政治中占有中心地位，三代王室都将青铜器作为政治权力斗争的工具。

　　有人说，没有青铜器，三代的朝廷就打不了天下；没有铜锡矿，三代的朝廷就没有青铜器。有些研究者认为华北大平原边缘的山地出产铜锡，还提出了一些可能的产矿地点。可这些矿产地的蕴藏量都很

陶范，精美的青铜器就是用这样的陶范铸造的

有限，经不起长时间开采利用。正是为着接近矿源，为着方便采矿，为着追求铜锡金属资源，三代王都才不断迁徙。当有研究者将三代都城的位置与产矿点对照后，认为这些都城的迁徙，都是围绕铜锡矿产地移动的。

有研究者在殷墟青铜器中发现了高放射成因铅，这为寻找铜矿的来源提供了一个新途径。三代青铜原料主要有铜、锡和铅三种，都是经过冶炼从矿石提炼出来的。在铜矿和锡矿中都含有微量的金属铅，这些杂质的铅同作为青铜生产原料之一的金属铅一样，都是由四种稳定的同位素组成，四种铅同位素中，有三种是经过放射衰变形成的，所以叫作放射成因铅，是铅同位素含量特别高的金属铅。

这种高放射成因铅的金属铅矿和铜矿，在四川南部、云南东部和贵州接邻地区有发现，检测云南永善金沙及会泽等地矿山的铜矿石，同殷墟青铜器的高放射成因铅数据比较接近。所以认定殷商时期黄河流域的青铜生产使用了来自中国西南的金属原料。

这个说法将中原地区商代的青铜生产与中国西南地区矿产联系的结论，极大地冲击了传统的看法。在南方一些地区也发现了属于含高放射成因铅的青铜器，说明有一部分原料可能真的是来源于西南地区。

本来处于大西南的古蜀人，要得到这样的青铜资源应当更便利一些，所以三星堆和金沙所见青铜器原料如果真的有一部分是来自云贵川接壤地区，这也是理所当然的事。

经过合金成分和铅同位素的分析，金沙部分铜器里铅锡青铜是主要材质。所用铅存在两种成分，一种为密西西比型异常铅，一种为普通铅，前者是十分罕见的高放射成因铅。金沙铜器中大部分具有本土特色的戈形器、方孔形器、璧形器及半数像生类和装饰类器物，都含有高放射成因铅。

古蜀青铜器铜矿的主要来源，在科技史界比较流行的说法是来自云南地区，不过一些四川学者对此表示质疑。

有冶金史研究者对云南东川铜矿矿石进行了化学分析，检测成分与三星堆所出青铜器相似，这是古蜀青铜原料来自云南的一个证据。可四川学者却说，还没人对离成都金沙和广汉三星堆不远的彭州龙门山大宝铜矿矿石进行同样分析，那这里为什么就不可能是3000多年前古蜀铜器的主要采集地呢？

有一点是不容怀疑的，古蜀大量青铜器的背后一定有一个丰富的铜矿产区，还有一个可靠的交通运输网络。因为龙门山脉是距金沙和三星堆最近的符合要求的地区，很有可能是一个重要的原料场。这个龙门山脉我们现在并不陌生了，它是2008年汶川大地震的主震区。

也曾有金属材料专家进行分析，检测三星堆青铜器的成分与云南铜矿有很大不同，云南的锡含量高，四川的锡含量低，而铅含量高。在青铜器铸造中，适量加铅与加锡都是可以的，它可以使熔炼降低温度，更重要的是能增强产品的硬度。不过无论加锡与加铅，青铜都不一定是用共生矿炼成，所以单纯看含铅和锡的多少，并不能明确青铜的原产地在哪里。

《华阳国志》也曾记述龙门山"其宝则有璧玉、金、银、珠、铜"，有学者认为，古蜀青铜器当是在龙门山一带铸造好后，通过河运送达古蜀的都城。如果三星堆青铜器的采矿和铸造地点确在龙门山附近，一定会留下一些冶铸遗迹，也会有当时的采矿点，但是这些至今还没有什么线索可寻。

龙门山白水河大宝山一带，现在还能看到一些矿堆，都是含铜量极高的铜矿石。当地现在还有村办冶铜厂。也许今后用力寻找，仔细调研，可能会有所发现的。

日月丽乎天，百谷草木丽乎土。

大地承载着万物，也滋养着万物。

人类在大地上进化，在大地上繁衍，在大地上创造，也让大地改变了模样。

人类景仰大地，感戴地母之恩，是大地取之不尽的宝藏，赐予了赖以生存的安身之所与衣食之源。

大地在旋转中记忆着岁月，她关照着每一位行色匆匆的生命过客。每一个生命都会回归大地的怀抱，这也许是对大地的最终回报。

人类在大地上行进，行进中不断选择着方向，历史的方位指向到现代，现代的方向指向憧憬的未来。

土

承载万物的大地情怀

古蜀人制作的陶器

三星堆和金沙出土了大量陶器，平民的日常生活，烹饪与饮食活动，主要还是要依赖这些陶器。

陶器的发明，是在新石器时代之初，是人类历史上的科学创举。制陶工艺技术现在看来并不复杂，但在发明之初，可能经历过许多曲折。在青城山有宁封子制陶的传说，说是宁封子发现火烧过的泥块结

金沙出土的大量陶器，都是古蜀人生活中使用的器具

实坚硬，他得到启发发明了制陶，黄帝请他任"陶正"，管理烧制陶器的事。

制陶的原料陶土，一般是就地取用黏土，陶土中铁化合物有助熔作用，降低陶坯的烧成温度，影响陶器的成色。陶器成形先是手制，后发明轮制，一般是用泥条盘筑法成型再修整。新石器时代晚期掌握了在陶轮上拉坯成型技术，陶器造型更加规整。

陶器成型后还要修饰加工，通过磨光、压划、彩绘方法装饰，使陶器更富于美感。然后就是入窑焙烧，最终在高温的烘烤中让黏土变成陶。

金沙出土的陶器已是数以万计，都是由破碎的陶片拼接复原的。因为这些陶器不如金器玉器那么有光彩，所以常会被忽略，一般人在博物馆也不会仔细去观摩。

金沙陶器种类非常丰富，主要有小平底罐、高柄豆、瓶、盉、尖底盏、尖底杯、尖底罐、高领罐、圈足罐、圈足盆、圈足钵、圈足杯、瓮、高柄杯、器座和扁壶等，大多是日用饮食器具。陶器大多为灰陶和夹砂褐陶，以手工制作和慢轮加工为主，造型素朴，较少纹饰。

尖底盏在金沙中常见，这种器形在古蜀流行时间很长，从商代晚期开始出现一直延续到战国时期才完全消失。与尖底盏配套使用的是器座，金沙发现的陶器座制作精美，有的还有镂空图案装饰。

古蜀人制作的陶质炊具，造型很有特点，受热面大，设计巧妙

古代陶窑是怎样的?

陶器制作工艺，成型与烧制都是关键工序，而入窑烧制显得更为重要。陶窑中的高温使陶土发生化学反应，导致泥坯的成分、性能和颜色发生改变，最终使泥土变成陶。陶窑的结构决定陶器的烧成温度，密封技术会造成氧化或还原的烧成气氛，影响陶器的成色。

最原始的烧陶工艺并没有陶窑，采用平地堆烧方式。或将陶坯堆放在柴草上烧成，或用湿泥将陶坯和柴草密封起来焙烧，这样烧成的陶器火候不高，陶质也不甚坚实。

也许就是在这种密封堆烧基础上发明了陶窑，陶窑结构可以分为横穴和竖穴两种。横穴窑比较原始，在圆形窑室前有较长的筒状火膛，窑室和火膛位于同一水平上，燃烧时火焰由火膛进入窑室。竖穴窑的窑室位于火膛之上，垂直的火道与窑室相通，窑室上部收缩便于封窑。竖穴窑的结构比较进步，在仰韶文化中就已经出现，新石器时代晚期普遍使用这种技术烧制陶器。

陶器的烧成温度，不采用陶窑一般超不过700℃，采用陶窑可提升到800℃～950℃，改进陶窑后可达到900℃～1100℃。

制陶工艺的发展，促进陶窑结构不断改进提升，将烧成温度提高到1000℃以上。陶窑的改进提高了陶器的质量，也为冶金术的产生创造了条件，也是后来瓷器诞生的基础。

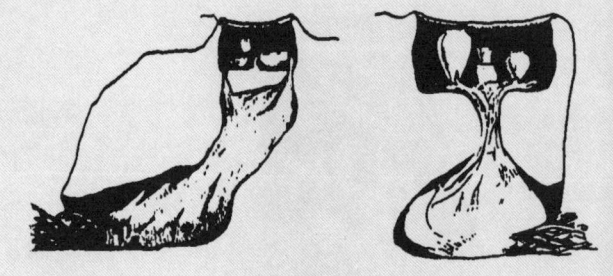

新石器时代的竖穴窑，烧造出的陶器火候较高，质地也更为坚实

金沙陶窑遗迹，属于横穴窑，陶器烧成温度不会太高，这一窑烧成的陶器不会太多

制作这些陶器，也不外乎上面说到的工序。幸运的话，偶尔也许会发现当时的制陶作坊。最近在金沙祭祀区以外不远处，就发现了大量陶器碎片堆积，还有5座陶窑，有可能是金沙人的陶器生产作坊所在地。圆形陶窑直径在2米左右，附近散落着大量陶片，这个窑址规模还不算太大。

金沙先后发掘到近200座陶窑，有的零星分布在居住址附近，有的又较为集中。金沙时期的陶窑，外形多似箕形，窑室呈前低后高的斜坡状，面积在6平方米左右。

研究者推测金沙时期除了少量的家庭作坊制陶外，还是以集中制陶和集中烧制的作坊生产为主，那时应当有了职业化制陶匠人。

令人费解的尖底杯和尖底盏

古代陶器大多为饮食器，包括炊器和食器两大类。根据器物的造型和大小，我们并不难判断它的用途。不过金沙出土的一种陶尖底杯，还有一种尖底盏，却让人不容易看明白它们的用途。

陶尖底杯是金沙常见的陶器之一，它的形状很有些特别，有人形容说它有点像炮弹，平平的器口，尖尖的器底，并不能直接平放在桌上或地上。它们既不像是炊器，又不像是食器，特别的造型说明它应当有什么特别的用途。

这种尖底杯，在古蜀时期的成都地区发现不少，在长江三峡地区也常有出土。因为在一些地点，这样的尖底杯碎片堆成了山，考古人开始怀疑它应当不是日常的饮食用具，推断它是古代峡江地区专用的制盐器皿。

三峡地区发现多处先秦时期的盐井遗址，有的年代早可到商代。有研究者认为井盐工业起源于三峡地区，是秦灭巴蜀以后制盐技术才传到成都平原地区。

井盐最初依赖陶器煎煮，熬盐需要的陶器用量一定很大。在峡江一带发现多处堆积大量陶器残片的遗址，而这类遗址多处在盐泉露头的地点。有的地点现在依然叫瓦渣地，成堆的陶片带来了这样一个特别的地名。

忠县的瓦渣地遗址，地面散布陶片。陶片的器形，属于商周至春秋时期的是大量陶釜和尖底杯，还发现有圆形火灶遗迹。考古人认为这些陶器是用于煮盐的，将它们安置在火灶上，用盐泉卤水可以煮出白花花的盐来。

同样在忠县的中坝，也发现了这样的瓦渣地，也是遍地的陶釜和尖底杯残片，

金沙陶器尖底杯，是古蜀人日常使用的很有特点的陶器之一

还发现有储卤池、火灶遗迹，是可以确认的又一处古代制盐遗址。有意思的是，中坝制盐自东周开始，就一直没有中断过，直到近代，那里还在用传统方法制盐。

当然也有人还作出过这样的推测，制作尖底陶器制盐，是为了方便地将它插在泥沙中，让太阳晒卤取盐。不过西南地区的井盐，似乎就没有采用过这种阳光工艺，作为盐具的尖底杯，是晒还是煎并不难判断。

这样的尖底杯能煮盐吗？

有研究者做了试验，在尖底杯盛满10%的食用盐溶液，将它放入炭火煎煮，40分钟后里面的水全部蒸发，剩下的是白花花的盐晶。

这尖底杯，还真有可能就是古代煎盐的器具。也许这样的杯子就是盐的一个计量单位，杯子可能通过贸易网络随着盐巴运送到了需要的地点。

当然，金沙人在得到盐的同时也就得到了这些杯子，这些杯子也许就派上了新的用场。说不定金沙人还会制造出仿制品，这样的杯子也就自然成了他们的一件日常用具。

金沙出土的陶杯，是一种饮器，但器表显得有些粗糙，可能是埋藏过程中受腐蚀的结果

金沙陶器粗糙的秘密

金沙出土的陶器种类很多，主要是炊器、食器、水器、酒器等。当我们在博物馆看到这些陶器的时候，会感觉到一种强烈的反差，觉得这些粗糙的陶器怎么会是与那些精美的金玉宝器共存的呢？

其实三星堆见到的陶器也是这个样子，素朴而粗糙，难道古蜀人真的就是用这样的器具享用他们的美味吗？

的确，这些陶器表面显得非常粗糙，如果是像现在我们见到的砂锅之类的炊具，也算过得去了，可要是食器酒具之类，那这样的材质显得就有点勉强了。其实我们现在看见的出土器具，在地下埋藏了几千年之后，很多已经不是原来的颜色与质感了，除了金器不改它的灿灿金色以外，青铜器甚至玉器，都明显改变了自己的本色与质感。

因为陶器烧成温度较低的缘故，陶器中的有机质会被氧化，生成二氧化碳气体逸出，这样会改变本来的结构，孔隙变大，强度就变小了，很容易发生破损。在埋藏过程中，氯化物、硝酸盐、磷酸盐等

金沙博物馆情景复原：
金沙人就这样使用陶器

容易产生破坏性的可溶性盐，盐分会随着水进入玻璃化程度不高的陶器，当温度和湿度发生变化时，可溶性盐就会结晶析出，对陶器表面产生破坏，严重的会明显改变外观，使光洁的表面变得很粗糙。

有些烧成温度较低的陶器，在地下会受到水的侵蚀，胎体的一些成分会发生水解，变得比较疏松。酸碱环境也容易腐蚀陶器，酸性溶液进入陶器，陶器表面形成硬壳层而失去原有的光泽。

如此看来，经过几千年的埋藏，长期的腐蚀使得金沙陶器的胎体和表面都有了明显改变，变得比较疏松，表面也没有了光泽。在古蜀人制作的陶器中，多数原来的品质应当比我们看到的要高得多，一定不会是现在摆在博物馆的这个模样。

古蜀时代特定的"方位系统"

不管假设中与金沙木构祭台相关的黄赤夹角是否存在，但祭台建筑不是正方向则是肯定的。由黄赤夹角、木构祭台和土台，让我们想到了另外一些方位问题，觉得古蜀王国应当有一种特定的方位系统。

这个特定的方位系统是怎样的？古蜀人的特别的"方位感"又是怎样产生的呢？

我们可以由古城址、宫殿址、祭祀坑和墓葬的布局方位，来了解古蜀方位系统。

古蜀时期的三星堆城，城垣轮廓并不是我们想象中的正南北方向，而是东北—西南走向。三星堆城中的两个祭祀坑，更是以45°的角倾斜排列，按发掘者的描述是坑的四角正好朝着东南西北四个不同的方向。

成都早年发现的属于金沙时期的羊子山土台，它的方位同三星堆祭祀坑一样，也是四角朝着四个方向，这一定不是偶然的巧合。

将我们的视野移到史前，看成都平原发现的新石器时代几座古城址的方向如何。新津宝墩、郫县古城村、温江鱼凫村这几座古城，也都是呈东北—西南方向布列。郫县古城村遗址中部发现一座长方形大型建筑，方向也是坐东北朝西南，房内因留存有5个长方形卵石台，可能为一座大型宫殿或宗庙一类的礼制性建筑。

这样看来，三星堆城垣建筑的方位系统在蜀地应当是形成于史前时代。金沙因为没有发现确定的城垣，我们还不知当时设计的方向如何。但是金沙附近发现了一些古蜀宫殿基址，它们的方向也都是西北—东南向，推测与城垣是同一方向，可以反证金沙城的方向与三星堆城应当大体接近。另外由城中发现的时代稍晚一点的战国大型船棺葬看，也是确定的西南朝向，依然属于古蜀的传统方位系统。

为何古蜀不采用正南北方向而选定这样一个倾斜的方位系统呢？

我们将目光放大到成都平原以外，会看到西北方向有龙门山，西南方向有龙泉山，两山脉一大一小，却大体平行，都是东北—西南走向，今天的成都城正处在这两座龙山之间。

答案已经非常明确了，成都平原上的古城与现代成都城的位置，是夹在两座龙山之间，建城设计的方位取向，应当是顺山势而定，是依地理定势为原则，似乎并不与天文相干。我们换个角度来看，如果城址呈正南北方向布列，可能还会给人一种不谐和的感觉。近来有人指出，通过古成都的中轴线，正处在天府的地脉中轴上，这个中轴与两个龙山平行，其实这并不是今人才有的认识，古蜀人早就有了这个方位感了。

当然我们也可以将从龙门山流出的河流看一看，大部分的河流的流向，大体是与山势相垂直，也就是说河流是由西北往东南流。我们也可以说古蜀人建立的方位系统与河流也有关系。

有一点是非常明确的，在中原地区建筑的商周城邑，基本都是南北向的正方向，蜀人没有采用这样的方位系统，他们作出了自己特别的选择。

试看一下今日的成都街区道路系统图，我们依然还能看到明显

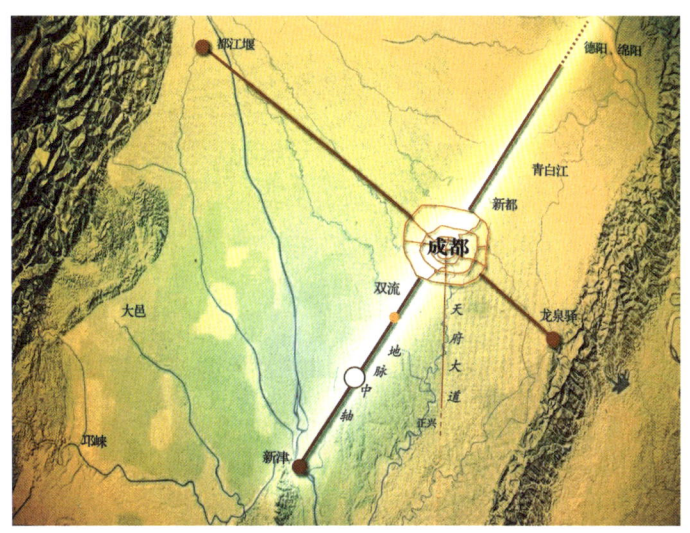

左龙泉，右龙门，二龙之间，正是天府。今人所说的天府地脉中轴，恰与古蜀方位系统吻合

的古蜀方位系统的影响。成都的中轴线是斜行的，走向是由东北向西南。虽然在中心广场是正南北向的布局，但那明显是后代城市改造的结果，掺杂进了中原古老的方位系统。

如果有一天找到了金沙古城垣，它一定是按照东北—西南方位设计的，这是古蜀国的方位系统。身居平畴的古蜀人的方向感，来自离他们不远的大山与江河，并不是过于遥远的星空。

羊子山土台也是祭台

土可制陶，可以盖房，还可以筑城建高台。成都有座羊子山，便是古蜀时代建筑的一个高台。

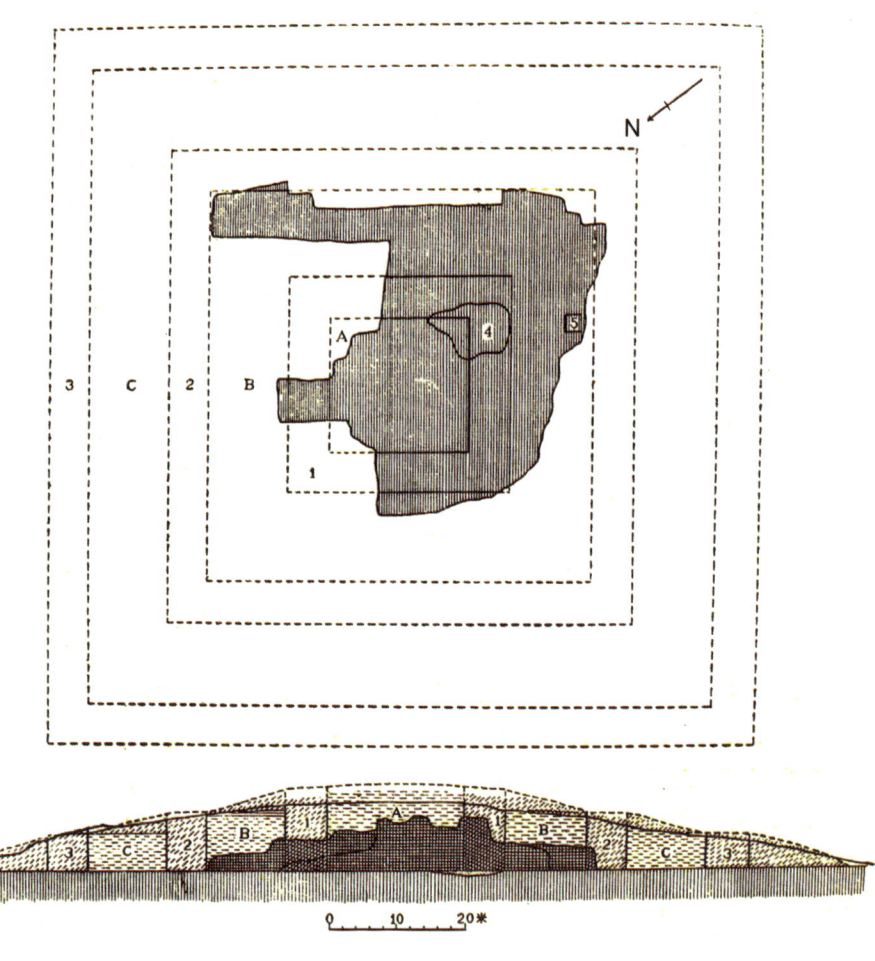

羊子山土台遗址平面实测及推测复原图

羊子山并不是山，羊子山是成都北郊驷马桥附近的一座土丘，高约10米，直径约160米。土丘在半个世纪前被考古人认出是一处古迹，原来是一座由土坯和夯土构筑成的四方形三级土台。学者考证羊子山土台的年代当在商周之际，现在说来是与三星堆和金沙大体同时。最初的考察报告说，"它的用途亦当是观望或者为集会祀典之所"。后来的研究认为，羊子山土台实际就是古蜀人的祭祀场所，是一座土筑的祭台。

值得特别提到的是，羊子山土台的方向，以中轴线为准，是北偏东36度，四角分向四个方向。作为一座祭台，土台的方向与金沙木构祭台基本一致。

还有人说，羊子山土台说不定只是一个蜀人预备躲避大洪水的高台，这个说法可能很多学者都不会赞同。

中国古代崇尚玉器，玉之为器，大者气势磅礴，小者灵秀俏丽。

玉器是中国古代文化的一个重要的符号，更是中国早期文明的一个鲜明象征，所以玉又有"国魄"之称。

约在近一万年前，中国先民就开始用玉料制作工具与装饰品，至史前时代末期制成各种玉石礼器。古人自己爱玉，也以为神亦爱之，许多精工细作的玉器，成了献给神祇们必备的礼物。

进入文明时代，历朝历代更是将玉之器广泛用于祭祀、礼仪、丧葬、装饰等各个方面，美玉更多地贴近于人了，玉器又经历了由神圣化到人性化、由神秘化到世俗化的转变。

晶莹润泽的美玉，成了中国古代文明的一个标识。

玉

晶莹润泽的文明标识

何谓玉德?

古代中国人将"玉性"与"人性"相契合，仁人君子将玉推崇为立世之标准，所以《礼记》中记录孔子语说："君子比德于玉"。

玉德何在?

古人说玉温润的色泽象征仁，坚实的质地象征智。

它佩挂于身上象征礼，清越的声音象征乐。

它瑕不掩瑜、瑜不掩瑕象征忠，色彩明丽象征信。

它气如白虹象征天，精神出于山川象征地，等等。

孔子还引述《诗经》的诗句"言念君子，温其如玉"，明晰了君子贵玉的道理。中国人的精神家园，在一些关键结构上是用美玉来构筑的，玉石温润儒雅的特性已融入中华民族整体性格之中。

孔子爱玉，他对于玉制礼器极为推崇，他特别强调玉器的内在美。由于儒家思想的介入，玉器从主要为原始宗教活动的神器、祭祀鬼神的原始礼器，变成贵族阶层用以表示身份地位的佩饰。儒家在这个时候作出了一个重要选择，将"玉"作为政治思想和道德观念的载体，提倡"君子比德于玉"，将玉道德化、人格化，大大提升了玉的文化内涵。过去通神的玉，变成了人格象征的一个重要符号。

玉器从古至今一直是华夏子孙的挚爱，欣赏玉石之美是国人特有的情怀。新石器时代玉器的简率朴拙，夏商玉器的凝重刚劲，两周玉器的玲珑流畅，两汉玉器的温稳有力，唐代玉器的新巧典雅，两宋玉器的简洁灵秀，辽金元玉器的敦厚别致，明代玉器的简练圆熟，清代

时代最早的装饰类玉器，是卡在耳垂上的饰品，属北方兴隆洼文化

玉器的富丽繁缛，构成了一部恢宏的玉器发展史。

从八千年前的史前时代，国人爱玉崇玉的传统已近形成。最早的玉器出现于北方兴隆洼文化，玉器色泽纯正，磨制光滑。史前时代已熟练地掌握琢制玉器的技术，治玉工序分为采玉、开眼、解玉、钻孔、打磨、镂刻、抛光等。史前玉器文化以北方的红山文化和南方的良渚文化最为发达，那个时代玉与神成为等同的概念，玉器就是神器，玉琮玉璧是献给神最好的礼品。

商周时期，玉器制作不断创新，玉器造型生动优美，数量最多的是人与动物玉雕。商代砣机使用已很熟练，制玉技术有很大提高。春秋战国时期是中国传统玉器发展的繁荣阶段，玉器的制作和使用非常广泛，玉器被系统化和理想化。用玉制度出现系列礼玉，最主要的礼玉是璧、圭、琮、璋、琥和璜，合称为"六瑞"，这是中国古典玉器的核心体系，也是源自史前的传统。

汉代玉器制作琢制更加精湛。汉代学者许慎提出玉有五德之说，五德包括了玉的质、色、声、雕等内涵，将玉赋予了美和德两重性格。古代用玉字组成不计其数的词，来形容美好极致。汉代人还以为玉器有特殊的功效，玉衣是汉代皇帝、诸侯王和高级贵族死后的殓服，玉衣由中央朝廷手工作坊统一制作，皇帝把它作为礼物赏赐给各地的诸侯王。

隋唐至宋代，玉器逐渐摆脱了神秘感，向世俗化发展，表现出浓厚的生活气息。玉器造型以写实为主，出现了大量人物、花鸟形象的玉雕和玉带饰。到明清时期，进入玉器发展的辉煌时代，琢制技术达到历史最高水平，大小玉器主要是装饰品和观赏品，无不精美绝妙。

玉曾被赋予一些神秘的特质。曹雪芹在《红楼梦》开篇，写一块女娲炼出的补天石幻形为"通灵宝玉"，将它悬至门楣，着了魔的凤姐和宝哥哥立时峰回路转，病好如初。它的得失居然使得怡红院里的花树忽萎忽开，这种神灵效应使贾母等人对通灵宝玉赏识有加，视之为"命根子"。这不过是一则神话，说是宝玉一出生就衔了块五色晶莹的美玉。

玉，美石而已，何来如此无穷魅力？其实玉石的法力，原本是深蕴国人大脑中的。美玉已作为种子，深种在我们的传统血脉里，它就像是四季繁盛的花儿，总会呈现出你所想见的艳丽。

汉代的玉衣，期求死而不朽的汉代高级贵族，以得到皇帝赏赐的玉衣为荣

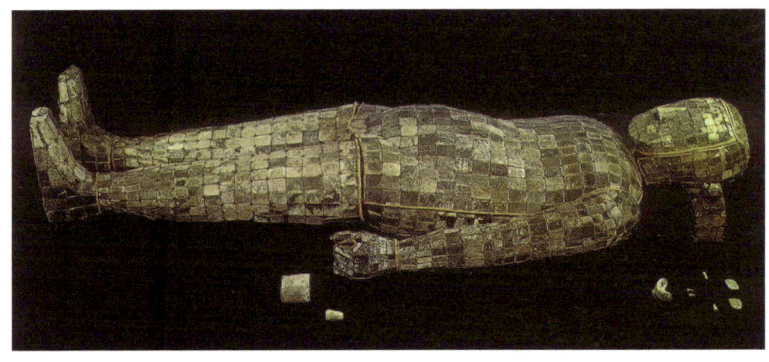

美玉无边的法力，在古人看来确乎是深信不疑，它最早就是作为通神的法器出现的。

金沙遗址出土的金器备受关注，它出土的大量玉器也非常吸引人。金沙玉器的分类，与中原所见并无太多不同，大体属于同一分类系统。这样看来，古蜀人崇尚玉的传统应当与中原和东部地区并无明显区别。

金沙玉器的数量

金沙遗址出金更出玉，金沙的金器、美玉器亦美。金沙出土玉器数量很多，可以用数不胜数来形容。考古罕见一地出土这样多精美的玉器，它的价值不可估量。

金沙出土玉器的数量，随着考古发掘的进展不断增加。根据不同时间的报道，我们可以了解累加起来的玉器数量：

2002年《金沙淘珍》：出土玉器535件，占发现文物总数的40%。

2004年《走进古蜀都邑金沙村》：出土玉器1400多件。

2005年《金沙》：出土玉器2000余件。

2006年《金沙玉器》：出土玉器2018件，占发现文物总数的50%。

2008年《从三星堆到金沙》：出土玉器2000多件。

金沙遗址刚发现时，便是以玉器的多和美受到关注的。由500多件很快增至2000多件，玉器出土之多让考古人惊诧。

玉器集中出土在遗址博物馆中心位置，这被判定是一个祭祀区。2000多件玉器既非墓葬的随葬品，也不是宫殿的陈设品，却是被作为祭品埋藏在那里的泥土中的。

玉器的种类，根据发掘者的统计，列出的主要是以下的这些名目：

金沙祭祀区最初发现的现场，
大量的玉器就是从这里出土的

璧、琮、璋、圭

戈、钺、矛、剑、刀、斧、锛、凿

梯形器、箍形器、椭圆形器、牌形器、瓶形器、球形器

环、镯、珠、管

贝饰、镂空饰件

人面像

玉料、美石

这些玉器按照用途划分，大体可以归为三大类，一是礼器、二是饰品、三是器具。这样的划分也并不能将玉器的真实用途判定得很明确，因为有些饰品和器具也是可以作为礼器的。

当然，也还有不少器形暂时还叫不出名字，也不知晓其用途。

更有不少玉料和并不能归入玉器之列的美石，也同这些玉器一起作为了祭品，被埋藏到了地下。也许在金沙人眼中，这些玉料与美石的价值，与那些制作精美的玉器并无多大区别。

在金沙遗址博物馆，陈列最多的也是玉器，有各式玉器，也有大量玉料。走进这美玉的世界，与金沙人也许可以作一种心灵的沟通，让玉文化的精华得到宣扬。

黄金有价玉无价。至珍至美的金沙古玉给我们带来了一些什么样的信息呢？

金沙玉器的制作工艺

玉不琢，不成器。

他山之石，可以攻玉。

金沙出土玉器中，就有这样一件不知名器，制作非常精致，但我们并不知道它的用途，只能作出猜测性的解释

这样的一些与玉器制作工艺相关的成语，在现代人的心里，已经与玉器制作没什么关联了。但面对着晶莹璀璨的古代玉器，在思考它们是怎样制作出来的时候，说不定我们还想不起这些语句来。

金沙出土古玉数量很大，也非常精美，它们是如何制作的呢？

玉器加工主要是开料、成型与装饰几个工艺，采用切割、刮蹭、琢磨、抛光方法，将粗糙的璞玉变成精致的器形。《诗·鄘风·淇奥》说的"有匪君子，如切如磋，如琢如磨"，是借琢磨玉器表述人格锻炼，也将制作玉器的要领说得很明白了。

观察表明，金沙玉器的切割有几种办法，主要使用绳索和竹木片带动解玉砂与水开料。柔软的马尾，有时也用于切割坚硬的玉料，《淮南子·说山训》就提到"马尾截玉"之法，这真的就是以柔克刚。金沙出有两件连体玉璋，两玉璋采用同体方式制作，即将完成时再行切割分离。璋上部已经断开，但柄部未割断，分离的部位清晰地保留着抛物线形的线切割痕迹。

古代玉器开料图，像拉锯一样将玉料锯开，不过锯开玉料的是柔软的绳索

小件的切割要使用旋转的砣具，古称砣为砂碾，又称轮锯。金沙玉器开料和雕刻纹饰都使用了砣具，金沙玉器上见到的一些同心圆痕迹，就是旋转的砣具留下的印迹。

砣具是传承几千年的基本设备，简单的设备制作的玉器并不简单。

一些需要穿孔的玉器，包括玉璧和玉环等器形，在成形之前就要在玉材上设计好孔位，先钻孔再整形。穿孔主要是用木、竹、骨、石等管状工具，带上加水的砂粒在玉料上旋转碾孔。金沙玉器钻孔技术娴熟，小型穿孔采用实心钻单面钻，大型穿孔采用空心管钻双面对钻。

如大件玉琮就用两面对钻方法穿孔，有时上下孔位会见到移位不齐现象。

金沙玉器虽以素器为多，但也有一些装饰纹样，有平行线纹、同心圆圈纹、网格纹、菱形纹、三角形纹，也有复杂的兽面纹、人形纹和动物纹等。有的纹饰用尖利的工具或砣具直接线刻成形，更有减地浅浮雕式的凸起纹饰，后一种纹饰的制作技巧很高。金沙出土一件桃形玉器，上面用阳线刻画出一个展翅的昆虫纹样，线条均匀流畅。另一件玉钺两面均有对称的兽面纹和卷云纹，采用双勾阴线结构线条，是用小型砣具旋刻而成。兽面纹的周围同时还采用了减地法，使得兽面显现出浅浮

金沙玉刻纹饰牌，需要仔细观察，才能看到上面的图案是什么，做工精细至极

雕效果。

打磨与抛光是玉器加工的重要工序，也是充分显示玉料潜质的关键工艺。抛光一般是以兽皮在玉器表面反复摩擦，使得玉质的光滑细腻得到充分展示。金沙玉器大多打磨细腻，抛光之后，器表更加光洁润泽。

金沙玉器制作工艺精湛，有时在一件器物的制作中融合多种技巧，细琢精雕。

玉器制作实际上主要借用的是石器技术，不论琢与磨，都是在加工石器过程中成熟的工艺技术。两者在加工技术上最大的区别应当是在开料上，因为原料稀有而来之不易，玉器在开料时会尽量扩大材料的利用率，所以采用了一些精细的切割技术。正是从一些残损的玉料上，我们每每可以看到这样的切割痕迹，这是古代玉工智慧的印记。

玉器加工用具——砣具

琢玉工艺是随着石器加工技术发展起来的，它本身也在不断发展进步。玉器制作的重要工具——砣具的出现，标志玉作进入成熟发展阶段。

砣具究竟何时发明，目前学术界有很多争论，也许考古还没有找到关键资料来证明。砣具其实就是一个旋转的机械装置，依靠旋转的动力带动圆盘形砣加工玉料。砣的发明，应当与原始旋转的钻有关系。

琢玉中的开片、成型、减地阳刻、阴刻、雕琢、钻孔、活环、镶嵌、抛光工艺，都要借助砣具完成。在现代的玉器加工中，砣具依然是主要的工具。

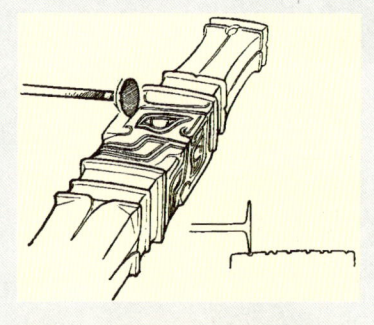

砣具可以开料，也可以雕琢细小的纹饰

制作玉器的砣车

金沙玉琮、玉璧的特色

玉琮和玉璧，最先似乎兴起于江浙地区的良渚文化，在良渚人的大型墓葬中出土很多。中原新石器时代末期也崇尚琮和璧，三代之时也将琮璧列为重要礼器。古蜀文化也崇尚琮与璧，在三星堆和金沙都出土不少，其中又以璧见到的更多。

金沙出土玉璧数量多，器形与色泽也有独到之处。玉璧一般呈宽扁的圆环形，但大小区别明显。金沙玉璧中有一种在中心孔缘起沿，这璧沿就像衣服竖起的领口，所以研究者称为"有领"玉璧。有领玉璧制作精细，色泽也特别艳丽。当然也有一些玉环制作出这样的领口，也就有了"有领玉环"的名称。

金沙有领玉璧制作精细，色泽也特别艳丽，这是埋藏过程中的沁色

金沙有领牙璧，一种别具风格的造型

金沙还有一种牙璧，外周有三四个牙角状突起，或有多少不等的齿状装饰。清代金石学家曾将此类器认作是浑天仪一类的天文仪器构件，称之为"璇玑"，似乎是一种误解。

玉琮是一种外方内圆的筒形器物，研究者解释它的造型意义，说玉琮包含了古代"天圆地方"和"四面八方"的宇宙观，又说玉琮中通的圆孔有贯通天地的含义。这样的说法推测的成分太浓厚，也是因形生义。

金沙玉琮有的形体较大，同良渚文化一样，也是分节雕琢。金沙的一件十节玉琮最引人关注，它与江浙地区良渚文化晚期玉琮非常相像。这件玉琮是跨越遥远的路途和漫长时光从良渚而来的呢，还是古蜀人自己雕琢的呢？人们曾生出许多猜测，我们将这个疑问放到后面再谈。

《周礼》说"以苍璧礼天，以黄琮礼地"，是说用青色的玉璧祭天，用黄色的玉琮祭地。这是因为天青地黄，以色相类。从这话里我们知道，并非是所有的璧琮都可用于祭天地，只有颜色合乎标准的青璧和黄琮才能担起大任。如果笼统地说璧礼天、琮礼地，那是很不准确的。

金沙玉璧出土较多，达200多件。金沙玉琮发现20多件，不过黄琮却似乎只见到一件。它也许是古蜀王祭祀大地用过的呢，那就更显珍奇了。

金沙黄色玉琮。《周礼》说"以黄琮礼地"，并不是所有的琮都可用于礼地，古蜀王也许真的用这件黄琮祭过地

璧与"天""王"的关联

琮与璧，是两种比较特别的玉器，中国新石器时代晚期至商周时期都很流行。与一般玉器不同，这两类玉器起初并不属于实用器，可它们的重要性却是超过了一般玉器。古代琮璧向来是玉器研究中很受关注的对象，关注的核心是它们的形制和用途。不过关于琮与璧的名称，却没有人怎么关注。

琮、璧的名称，让人颇费思量，不知道为何取这样怪怪的名字。依汉代《说文》的解释，两字的部首，是表示玉的质料，"宗"与"辟"则都是表示发音。细细琢磨起来，"宗"与"辟"这两个音，其实应是实名，并不是单纯的注音，它们各有来历。

先说这"辟"。

《诗经》中有辟王，如《大雅·棫朴》有"济济辟王，左右趣之。济济辟王，左右奉璋"，《周颂·载见》有"载见辟王，曰求厥章"。我们要注意的是，这里说的"辟王"，就是周天子。后来孔

金沙有领玉璧

颖达《毛诗注疏》解"荡荡上帝，下民之辟"，说上帝是托言君王，"辟"就是君，也就是天子。

早期文献《尚书》中也有辟，也指的是天子。如《尚书·尧典》："嗣王戒哉，祗尔厥辟"，《书传》解释说"辟，君也"。《尚书·洪范》："惟辟作福，惟辟作威，惟辟玉食"，《尚书全解》引王肃语曰"辟，君也"。

古人注《书》解《诗》，均以"辟"为君，指的是周王，是天子。汉代《尔雅》也说：皇，王后；辟，君也。

还有《汉书·五行志》的"辟遏有德"，汉代时应劭注说"辟"为"天子也"。汉晋称皇帝的诏书为"辟书"，称天子征召为"辟命"，如《后汉书·贾逵传》："隐居教授不应辟命"。将皇王称为"辟"，这样的说法，显然并不是汉代时的创造。

汉代贾谊《新书·审微》说到这样一个故事：卫侯要朝见于周天子，掌管接见事务的周行人问他的名号，说是叫"卫侯辟疆"。周行人听了不高兴，他很郑重地对卫侯说："启疆、辟疆为天子之号，诸侯是用不得的。"怎么办呢？卫侯不得已临时更改了自己的名字，如此天子才接受了他的朝见。可见当时对"辟"字的用法，还是有明显限制的，不可随便用这个字取名。

还需要提到的，《礼记·王制》曰："天子之学曰辟雍。"《韩诗外传》说，辟雍"圆如璧，壅之水"。汉班固《白虎通》说："天子立辟雍，何所以行礼乐、宣德化也？辟者，象璧圆法天；雍之以水，象教化流行。"辟雍之义，本取象于璧，汉代王充在《论衡》中干脆写作"璧雍"。古时又说，辟雍为天子飨饮之处。天子或讲学，或饮酒，不论怎样说，这辟雍都是天子活动的地方，以辟（璧）取名，也在理中。

天子活动的这个特殊的建筑辟雍，以"辟"为名，以因为圆形如璧形，四面壅水环绕，周围如璧。

这些解说将天子、辟、璧相提并论，这样说来，辟之名，可以是天子，也可以就是璧。享天子以璧，璧是献给天子的，璧因此有了天子的称名"辟"。璧的得名，是顺理成章的事，辟（天子）之璧用以祭天，也是顺理成章的事。

琮与"地""后"的关联

与"辟"相关的一个字是"宗"。在《周礼·玉人》中有这样的话："驵琮五寸，宗后以为权。……宗后守之。"宗后是天子之后，是王后。据明代王应电《周礼图说》的解释，"宗后者，或先王之后，或王后。世次相传以主内政，故曰宗也"。

有学者说，玉琮是主，又称为"宗"，这是一个很值得重视的说法。

奉享宗后以琮，琮是献给宗后的，琮因此有了宗后的称名"宗"。琮的得名，是顺理成章的事，宗后之琮用以祭地，也是顺理成章的事。

《周礼》记驵琮有七寸、五寸的分别，分属天子与宗后。何谓驵琮？宋代王昭禹《周礼详解》说，"以琮为权，以组系之，则谓之驵琮。权以等轻重，……天子与宗后皆有驵琮以为权"。这是说穿系上组带，驵琮就可作为权来使用了，这驵琮便是组琮了。元代陈友仁《周礼集说》便说，"以琮为权，以组系之，则谓之组琮"。

金沙玉琮

这驭琮之权，至今也还没有发现，也没能见到可以确定为权的琮，也许宗后的权琮，今后也会有出土的。不过考古发现中有一个现象还是值得注意的，就是良渚人的玉钺，常常有小琮作装饰，一两件小玉琮用丝绦穿起，挂在钺背，这显然是一种象征，一定是"权"的象征。后来宗后以组琮为权，渊源也许就在这里。

天子之璧，宗后之琮，在周代仪礼中这种区别是明显的。《周礼》之《典瑞》与《玉人》，多次提及祭祀与献享都用到璧琮，而且对规格大小还有限定。最高规格的璧是九寸，为诸侯献享天子的礼品。诸侯享夫人，用的是八寸璪琮。宋代王昭禹《周礼详解》论及《小行人》中"合六币，璧以帛，琮以锦"，为侯伯之享礼，"盖璧有辟之道，礼天之玉也，故以享天子。琮有宗之道，礼地之玉也，故以享后"。

辟之道就是天子之道，而宗之道就是宗后之道。享天子璧以帛，享宗后琮以锦，两样玉器的包装也是有区别的。

也许这样的说法是一种倒置，不一定是礼天之玉才用以享天子，而是因璧为天子所用玉才可以祭天。同理，不一定是礼地之玉才用以享宗后，而是因琮为宗后所用玉才可以祭地。

现在我们是以周代的相关制度为依据，说琮璧的名称与天子和宗后相关。但在周代之前，琮与璧早已出现，它们最初的名称是什么，我们并不能知道。假设周代琮璧的名称是承自更古老的时代，比如是辗转承自良渚人，那我们要问辟、宗之名会有如此久远的历史吗？

不少研究者注意到，在良渚文化墓葬中，随葬琮璧可能已经形成一定的制度。虽然良渚人墓葬中璧与琮的随葬已经有了一定的规制，但我们还不能确定当时已经有了王与后的名位。假设由琮璧的名称判断那时真的是出现了王与后，哪怕还只是最初意义的王与后，那也将是探索文明形成的一个新的命题，值得深入研究。另外，假设同时出土玉钺、玉琮的最高级别的大墓，表示出的是女权至上的特征，对于良渚人社会的研究，这又是一个新的命题。

当然，我们也可以作一种反向思考。也许是先有了璧和琮的物名，比如是良渚人最先赋予了两种玉器这样的名称，也不必去问为什么要取这样的名称，因为两种玉器拥有者的身份不同，可能会用玉器名称去指代拥有者，璧和琮就分别成了身份的代称。

或许在造字之初，还没有玉字的部首，只有"辟"与"宗"，及至周代，这样的名称还被保留着。不过到了汉代，一般的人就不明所以了，还要进行注解才能明白。

这样说来，天、天子、辟、璧是一组同义词，地、宗后、宗、琮是对应的另一组同义词。

辟与宗，是值得注意的两个字，代表着特别的身份，辟与宗是理解玉器中神秘的璧与琮的门径。

琮、璧的来源

许多古代的玉质礼器，都可以找到实用器的原型，它们是实用器逐渐演变的结果。但对于琮、璧而言，却很难给出一个确切的定义，不大容易明白它们的来源。学者们多年来进行了许多探索，有许多的推测。

商周玉环

琮的形制，尤其是多节长琮的形制，让我们很难明了琮的来源。从已经发表的诸多见解看，琮源出环镯的议论占有优势，也较有说服力。有学者根据早期琮的形态特征，认为琮起源于手镯。因为玉琮的基体是圆筒形，从类型学上看，它们都应来源于玉镯。在良渚文化中，玉镯一路向筒形器发展，另一路向玉琮发展。通过玉琮在墓葬中出土的位置，认定其中有些琮是戴在腕上的，而且以右手多见，形态较为扁平，孔径一般在7厘米左右，接近镯的样子。那些多节的高筒形琮时代较晚，一般不再适于佩戴。

琮虽然不再适合佩戴，但在制作时依然保留原先作为手镯佩戴的形态特征。还值得注意的是，有研究者统计过大琮的内径，一般都是在6～8厘米，这也是它曾作为手腕佩戴物遗留下来的又一形态特征。琮原本的形态当为镯为环，它是由实用饰品演化出来的礼器。

也有人认为良渚文化琮与镯无关，理由是许多葬钺的男性墓有琮，女性墓却少见。我们在判定墓主性别时，可能是以是否拥有钺为前提的，那会不会是相反的情形呢？如果钺与琮都为女性所有，那就可能是另外的解释了。

关于璧的来源，过去讨论很少。读《说文》的定义，"璧，瑞玉，环也"，会有一些启发。璧作为一种环状器，与瑗一样，可能也是起源于实用的环镯。一些良渚文化玉璧，在发掘中发现有戴在腕上的例证。

璧、瑗之类圆环形玉礼器的祖源应是环镯类实用装饰品，其他如有领环、有领璧也可能都是由环镯变化而来。环镯由平面方向发展，成瑗成璧，随着圆环宽度的变化，形状有明显改变，逐渐趋于扁平形。环镯由立体方向发展，成筒成琮，随着高度的变化，形状有明显改变，逐渐趋向高筒形。环镯的变化就这样循着一横一纵两个方向改变，变成了璧与琮两大类新器形。

虽然环镯在形态上发生了明显改变，但它们也有不变的地方，它们始终保持着初始的一个特征，就是它们的孔径大体是接近的，也许这可以看作是它们不能改变的胎记。无论是瑗、璧、琮、筒形器、有领璧、有领环，在通常情况下，它们与环镯的内径都是接近的。

环璧的内径，古称为"好"。《周礼·玉人》说，璧"好三寸，以为度"，意思是璧"好"的规格一般是以三寸为准，或者说是大不过三寸。

粗略统计广汉三星堆二号坑玉璧瑗环，孔径多在6.2～6.7厘米之间，最多不过6.8厘米。如以战国一尺约23厘米计，3寸当6.9厘米，"好"应当没有超过3寸之数。

我们注意到在《三星堆祭祀坑》报告中，有这样的一段话："璧、环、瑗等玉石器由大到小，似呈有规律的递减，但大小器物的孔径却基本相等，只是肉的宽度不同。……这可能是因为当时制作这类玉石器的管钻工具有特定的直径大小，或者在制作上较为随意。另一方面，这也可能与当时玉璧类礼器的使用有关，似乎这些器物都由大到小按规律依次递减变化制作成配套组合的形式。1931年在广汉真武村发现的玉石器窖藏中的石璧就是按大小递减，垒叠成尖塔状；1987年又在真武村仓包包发现一祭祀坑，据调查，坑内的石璧也是按大小依次递减，叠垒成塔状，同样证明了璧、环、瑗的大小呈递减形式与使用方式有关。"

岂止这里，其他地点也是如此，璧、环、瑗之外，琮、镯、戚之类，凡是需钻大孔的，孔径大都在5～7厘米。

这只说明一个问题，这些器物的造型可能只有一个祖型，它应当是镯。镯径大小，为女子之腕径，正在5～7厘米，平均6厘米左右。正因为有了这个祖型，所以好孔径才没有改变。也正因为如此，考古才发现了这样的一些证据：琮有戴在腕上的，有领环有戴在腕上的，璧也有戴在腕上的，镯、钏、环之类，就更不用说了。

好三寸，自然是腕三寸，以三寸之腕为度。这三寸应当超不过7厘米，一寸不过2厘米有余，大体合于周汉尺度。这三寸（约7厘米）可以看作是一个常数，是腕围镯径之数，现代的环镯内径仍然是如此。

以腕围定内径，也在情理之中。肘、指、手、足，在古代都可以是长度单位的参照。

如果以商尺长在15.8厘米左右计，周以前的3寸不足5厘米，也许与史前的情形相去不远。要达到7厘米的常数，应当是4～5寸。

环形器同"好"，好三寸，这"三寸"取自镯径，琮、璧、瑗好多为三寸，这是非常值得关注的现象。

古代圆环类的器物，它们的作用有一个变化的过程，由单一用途变为多用途，器形也由简单变化为复杂。最先是比较纯粹的饰物，后来赋予了礼器的性质，造型也脱离了实用的要求。大琮大璧的出现，是饰物完成向礼器化转变的一个标志。璧羡与驵琮的出现，又使特定的礼器有了明确的权威性。璧羡为度，驵琮为权，自然也只是体现了一种象征性。

天与地，王与后，璧与琮就是这样体现了相关性，琮璧连称，似乎也不是很难理解。

商周玉环

"石璧谋"是怎样的一个阴谋？

依《周礼·大宗伯》所说，"以玉作六器，以礼天地四方。以苍璧礼天，以黄琮礼地；以青圭礼东方，以赤璋礼南方，以白琥礼西方，以玄璜礼北方"。又见《典瑞》说，"疏璧琮以敛尸"。这样一看，祭天、礼地、敛尸，就成了琮与璧的主要用途之所在，考古界和收藏界的许多讨论也都围绕着这些论点展开。

但仅以《周礼》所述，琮璧的作用并不只有这些。除了礼神敬祖之外，它其实更常见的用法应当是敬人亲人，是卑下亲尊上的必备的礼物。

说起璧来，我们想到了管子。管子就是管仲（约公元前723年～前645年），名夷吾，又名敬仲，字仲，春秋时期齐国上卿，被称为"春秋第一相"，辅佐齐桓公成为春秋时期的第一霸主。管仲的著作，今存《管子》76篇，内容非常丰富，其中《轻重》等篇，是古代典籍中不多见的经济学著作。

《管子·轻重》中就有一个很特别的故事。一天齐桓公愁容满面地对管子说："寡人很想西行朝贺周天子，可是献礼的贡物不足，难以成行，有什么办法呢？"管子想了想，作出了这样的回答："请下令城中阴里人家，筑起三重院墙，紧闭九道门窗，让玉人在里面秘密地琢石为璧。石璧径尺者定价一万钱，八寸者八千，七寸者七千，珪四千，瑗五百。"等到石璧的数量足够时，管子专程西见天子，他对天子说："我们小邑之君，想率诸侯前来朝拜先王祖庙，来领略周室风范。请下令使天下诸侯前来朝贺的人，一定要用彤弓石璧作献礼。没有带彤弓石璧的，不准进入庙堂"。天子居然高兴地答应了，以管子的说辞号令天下。

结果呢，果然不出管子的计谋，天下诸侯满载着黄金珠玉五谷文采布帛，夜以继日地赶往齐国，去换取齐人的石璧。齐国的石璧因此流传天下，而天下财物也就源源不断地运送到了齐国。这一次的收获，让齐国八年没有征收赋税。

这被称之为"阴里之谋"，又称"石璧谋"。这个近乎寓言的故事，曾让古人产生过怀疑，不大容易让人相信会实有其事。不过到后来汉代时造银锡为白金，而以白鹿皮为皮币，值四十万之钜。王侯宗室朝觐聘享，必以皮币荐璧。这个办法与"阴里之谋"如出一辙，可见"石璧谋"未必不会是事实。

不论这石璧谋是否真有其事，但这里是明白道出了包括圭、瑗在内的环璧类器的另外用处。这么说来，考古发现的环璧类玉石器，更多的可能是献享用品，或者说它们原本曾是献享用品。后来它们有可能派上另外的用场，祭祀场所和殓尸的墓穴应当是两个主要的去向。

献享的过程是一个反复的过程，献享的礼物会不断得到积累，越在高位，琮璧便会积累得越多。回过头再看，墓葬中随葬的琮璧类玉器，不能一概视作祭祀用器。除了那些实用器以外，更大的可能是属于献享所用，而且不是享神，而是享祖。有一些粗糙的璧，有可能是专为殓尸制作的。

史前、商周至西汉时代那些随葬较多璧的墓葬，人以为是升天用的，正如汉儒郑玄注《周礼》所说："疏璧琮者，通于天地"。古人一定真的认为，玉璧有通天的灵性。

金沙大琮的来处

金沙出土的一件大青玉琮，高有22厘米，较之其他玉琮显得非常抢眼。大琮为翠绿色，玉质温润，雕工精细。大玉琮分为十节，每节雕刻有四对眼睛纹。在上端一侧还刻画着一个人形图案，头上戴冠，双脚叉开，两臂平伸，臂上有羽毛形装饰。

从玉琮的整体造型风格看，它与东方江浙一带良渚文化的玉琮非

金沙大玉琮，是古蜀最大的琮，是蜀人自己制作，还是由远方传来？

常相像，所以很多考古学家都认为它是来自良渚文化的故乡。良渚文化最初发现于浙江余杭，在江浙发现了许多同时代的遗址，年代距今约5000～4300年。良渚文化遗址出土玉器数量很多，以琮、璧、钺最多，玉器上常见神秘莫测的神人兽面纹。

玉琮是良渚文化中最有特点的代表性玉器，玉琮大小规格不一，多是墓葬中的随葬品，有时一座大型墓葬中发现几十件之多。良渚玉琮的形制为外方内圆的筒形，立面分节，最少的只有一节，最多的有十数节。玉琮有的表面有浮雕和阴刻纹饰，常见兽面装饰，更多的是简化的眼睛图案，第一节都有四对眼睛，象征四个兽面。

在金沙玉器中，共有20多件玉琮。多数玉琮都与良渚风格有别，应当是金沙人自己的作品。但这一件大琮却与良渚文化的琮难分彼此，将金沙大琮与良渚文化玉放在一起，我们一定会认为这两者没有什么区别，造型与纹饰都是同一的风格，那金沙的玉琮会不会是良渚人的作品呢？

从空间上看，良渚与金沙有1000公里之遥。从时间上看，金沙要晚良渚1000多年。如果金沙玉琮是来自良渚文化，那这样的时空距离是如何超越的呢？

如果金沙大玉琮真的是良渚人的作品，经过1000多年的时光，玉琮辗转流传到古蜀金沙，这似乎也并不难理解。我们更需要考

良渚文化大型玉琮。良渚玉琮
有大小之别，上面一般都分节
刻画有神面纹，最简单的神面
只有圆圈代表的双眼

虑的是，古蜀人一定是接受了良渚
人的信仰方式，不然他们就不会宝
藏和仿制良渚人的玉礼器。玉器的
传播折射了信仰的传播，时间与空
间都不会是传播的障碍。

当然答案也还并不这么简单，
我们知道在这件玉琮上，不仅有良
渚文化玉琮上习见的简化兽面纹，
它的上面还刻着一个人形图像，这
样的图形在良渚玉琮上还没有出现
过。这个神秘的人像象征着谁，这
是一个有待考证的难题，不过他可
能是金沙人加刻上去的。他有可能
是金沙人的祖先，也可能是祭师的
画像。

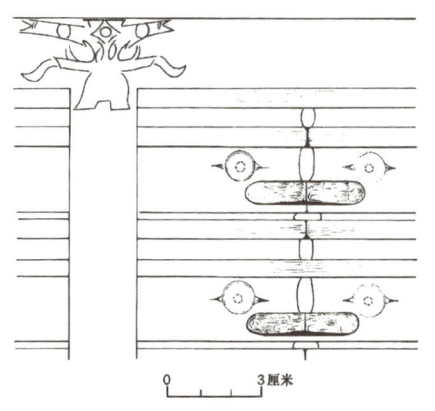

0   3厘米

金沙大玉琮上刻画的人像及展开线图

良渚文化玉器中的三大件

良渚文化玉器种类很多，有礼器，也有实用器，主要有琮、璧、钺、镯、珠、管、环、锥和三叉形冠饰等，有蝉、鸟等动物之类的肖形小件。

良渚文化玉器中最重要的是三大件：玉琮、玉璧和玉钺。三大件出土数量多，制作大多也比较精致。

玉琮有大小不一的规格，被认为是祭地的礼器，同时又用于殓葬。玉琮外方内圆，立面分为若干节，有的只有一节，最多的有19节，多数每节都有以眼睛为主要构图的神面纹饰。

玉璧也有大小的不同，被认为是祭天的礼器。良渚玉器中以玉璧出土最多，最大的玉璧直径在40厘米以上。玉璧多素面无纹，很多都是厚薄不均，少数璧面光洁并刻有纹饰。

玉钺穿孔装柄，钺是军事首领的权杖，是标志身份的重要礼器。多数玉钺光洁无纹，个别见到在刃部上角有浅浮雕和阴线刻的神人兽面纹。

良渚文化玉器中的三大件：玉琮、玉璧和玉钺，都有很明确的象征意义

大琮上的圆圈图形含义

金沙大玉琮上，每一节都刻画着4对圆圈，这成对的圆圈图形有什么意义呢？

其实这一对圆圈表示的就是一双眼睛，而每一双眼睛都象征着一个兽面，或者说就是一个神面。玉琮的灵性，就由这圆圈象征的眼睛凸显出来。

比照良渚文化玉琮上的纹饰，发现有弦纹、简目、繁目、阔嘴几种组合。所谓简目，就是简化的眼目，一般是一个圆圈，或者再附加两个三叉形眼角，这便是研究者认定的神面纹。而繁目则是那种扁圆的重圈眼，中间常常填有繁复的涡旋纹，与它一起出现的是阔鼻，组成人们常说的神兽面纹。

良渚文化玉琮上的兽面纹大体分为简单组合和复杂组合两类。复杂组合为比较完整的神面形象，不仅口鼻俱全，而且神面还戴着华冠。简单组合只有象征神面眼睛的一对圆圈图形，其他附件均省略不再刻画。两种组合之间半繁半简的过渡形态也有，如华冠变成了几道平行线，也不见鼻形。从时间序列看，应当是复杂组合在先，简单组合在后。

古人在进行艺术创作时，非常善于作抽象提炼，将复杂的图像简化，最后也许得到的只是一种符号，但人们都乐于接受这符号的象征意义，都认同这样的艺术创作。良渚

雕刻兽面的良渚文化多节玉琮，每节的纹饰相同

良渚文化玉琮上雕刻的
兽面，后来只剩下两个
圆圈代表神兽的眼睛

人起初在玉琮和其他玉件上雕刻了复杂的神面或兽面，这兽面常常戴有华冠。后来这神面居然省略到只剩下一对眼睛，而且这眼睛只不过是两个圆圈而已。如果没有复杂的神面图像比照，这两个圆圈很容易迷惑我们的眼睛，说不定会百思不得其解。

看来古蜀人一定是接受了良渚人的抽象艺术概念，玉琮上的圆圈形在他们眼里的，就是崇高的神灵形象。

玉钺的用处

金沙出土不少玉钺，以玉为斧钺，它是拿来作斧子用的么？

当然不是。玉钺的器形，虽然脱胎于斧子，它可是比斧子用处大得多的物件。金沙玉钺造型多样，有璧形钺、风形钺和斧形钺之分。璧形钺扁平，有大圆穿孔，形似玉璧。两侧有齿状突起，刃作连弧形，刃口锋利。类似于金沙出土的璧形钺在河南二里头遗址有出土，所以有学者认为金沙的这件玉钺当是来自二里头。那么，这玉钺是怎样到达金沙的呢？也许这玉钺真的有一段传奇的身世。

所谓风形钺，是说它的外形顶窄刃宽，有点像"风"字形。金沙的青玉风形钺，两侧有扉牙，刃部平直，两端上翘。有意思的是，这种玉钺最早也发现于二里头遗址，在殷墟和西周墓葬中也有出土。

金沙的一柄斧形钺虽然外形像石斧，似乎没有什么特别之处，但细细观察，在它的两面都雕琢有对称的纹饰，制作非常精致。顶部纹饰以兽面纹为中心，兽面纹由双角、卷耳、双眼构成。兽面纹的外侧装饰变形夔纹。下部纹饰装饰在器身的两侧，由五组对称的卷云纹组成。这件玉钺的玉材，据研究是来自四川当地，应当是古蜀人自己的作品。

金沙璧形玉钺，这是少见的器形，中原也有同类器发现

金沙兽面纹玉钺，雕刻非常精致，两面纹饰相同。这样的玉钺在其他地区还没有见到过

金沙出土的这些精美玉钺，可不是像石斧一样用于砍伐树木的。玉钺上的兽面纹，其实应当是古蜀人传说中的神灵的样子，因此，这一定是一柄威力无比的神钺。

这玉钺的主人，也许就是某位蜀王。蜀王拥有这神钺，就拥有了沟通人神的法宝。玉钺也应当是蜀王的权杖，他的臣民在这权杖的指引下赴汤蹈火。

玉钺的象征

玉钺为何有如此大的力量呢？

十多年前，我曾经写过一首小诗，觉得将这个问题解答得比较明确了：

砍倒山木，

盖起干栏长屋。

一柄神奇的石斧，

造就了一代新寨主。

斩断头颅，

战胜入侵敌酋。

一柄无敌的石斧，

让一位英雄头角展露。

那是洪荒时代的传说，

是那么的遥远，那么的生疏。

斧子变大钺，

不再砍伐杀戮。

象牙雕饰，美石琢磨，

斧钺神威依旧。

篝火熊熊，群情激昂，

英雄一夜间被推举为领袖。

胸怀虔诚，手秉大钺的他，

为子民求丰谷祈顺雨；

威风凛凛，手秉大钺的他，

开拓邦土大野逐鹿。

大钺作标识，

随生随死随葬坟墓，

他的威严和他的功绩，

都由大钺纪录。

君不见——

大禹执玄钺，栉风沐雨，

足迹遍九州。

成汤秉白钺，如火烈烈，

威风抖擞。

武王左杖黄钺，右秉白旄，

牧野誓师剿灭殷纣。

风随钺起，雨从钺行，

大钺一回回变换了天地，

大钺变换了日月星宿。

那是青铜时代的史诗，

它是那么的雄壮，那么的残酷。

从石钺陶钺，

到玉钺铜钺陨铁钺，

大钺见证英雄时代，

河南汝州阎村出土的大陶缸，外面绘着石钺与鸟、鱼，这是一件死者的葬具

良渚文化陶罐上的四个字符中，有一个是"钺"的象形，古文字学家认定它们是早期的文字

大钺凸显王权威武。

真真是如火烈烈，如陵巍巍，

大钺映射着中国早期文明行进的脚步。

钺显然是象征权威的，是英雄时代的产物。

在新石器时代，石斧是使用很广泛的生产工具。后来石斧又作为战争武器使用，当然战争指挥者手中的斧是用玉制成，这成为他的权杖。黄河中游仰韶文化时期就有这种权杖，河南汝州阎村出土的大陶缸上，绘有装饰华丽的石斧。再后来用于权杖的玉斧形状有了明显改变，斧身变薄，斧刃变宽，演变成并不能实用砍伐的象征性用具，也就有了"钺"这个专用名称。

玉钺出现在新石器晚期，良渚文化出土玉钺很多。玉钺由冠饰、钺身、柄饰组成，顶窄刃宽，有的钺刃部一角雕琢出神徽图形，制作精致，显示出主人拥有的权威既高且重，威威赫赫。

在大汶口文化的陶缸上，发现刻有戌的图像。在良渚文化的陶罐上，则将戌形明明白白地作为一个字符刻入一个词组中。这说明钺作为一个专有名词，在很早的时候就已经出现了。

商汤王和周武王，他们手执大钺的架势，原来是从更古老的史前先人那里学来的。

玉海贝的秘密

金沙出土的玉海贝佩饰，玉质温润，质地致密，细腻光洁。玉贝小巧玲珑，上端穿有一孔，可系可佩。将这样的玉贝佩戴在身上，一定是寄托着某种特别的愿望，这个愿望也应当与大海有关吧。

生活在内陆的人们知道大海，对辽远的波涛会心生一种向往。即使见不着大海的宽阔，能一睹来自海洋的物品，也是一件快事。大海产出最多而且又极易获得的海贝，也许就跟随着这样的向往远途传达到了内陆地区。内陆的人们将海贝视作宝贝，将它做成珍贵的饰品，甚至还当作货币使用。

古蜀人制作玉海贝，表明他们是珍爱海贝一族。其实在三星堆祭祀坑里，就出土了数以千计的海贝。多数海贝发现在祭祀坑底部，也有的放置在铜器中。这些海贝分为三类，有虎斑海贝、货贝、环纹贝。三种贝类均产自热带或亚热带浅海中，以印度洋周边地区最多，我国近海都不出产。很显然，这些海贝来自遥远的地方。

金沙玉海贝，用玉做成海贝的模样，当时的玉工一定见到过海贝

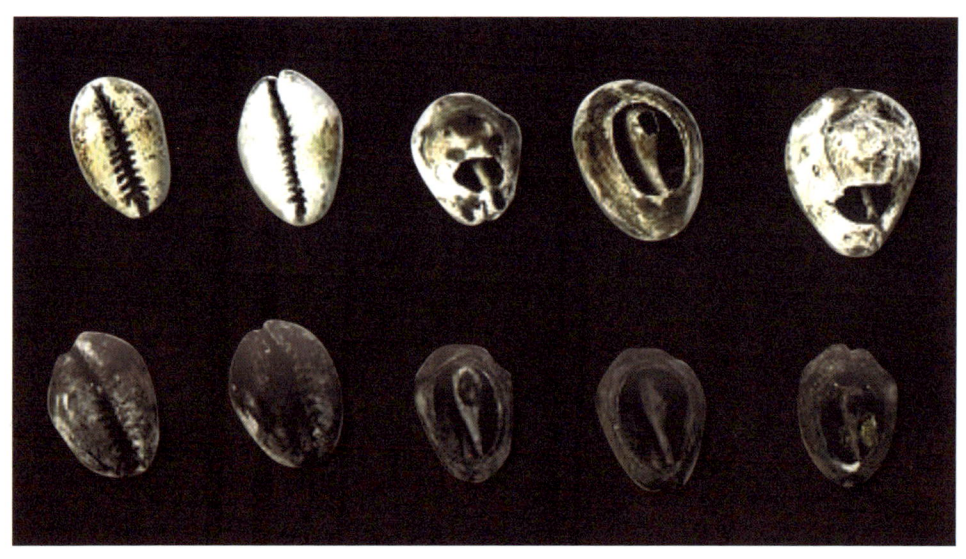

三星堆出土的海贝，一般都磨有穿孔，作为珍贵的饰品

古蜀人是如何得到这些海贝的呢？

我们知道，商周时期中原地区曾以海贝作为货币，考古也有一些发现。有研究者认为三星堆的海贝可能是由两条路线进入古蜀地区：一是通过长江水系，古蜀国在贸易活动中积累了稀罕的海贝；二是它可能来自南方丝绸之路，蜀人通过丝绸和漆器贸易得到了产自印度洋的海贝。

沿着古代南方丝绸之路沿线寻找，考古学家在许多地点都发现了海贝的踪迹。

在雅安所辖宝兴县陇东乡汉代六座石棺葬内，都发现了穿孔的小齿贝。汉源县市荣乡桃坪村的一座西汉墓中，出土3枚海贝。

往南在凉山地区，普格瓦打洛商代晚期三座土坑墓内出土海贝20余枚，在盐源双河乡毛家坝一座西汉石棺葬出土1枚海贝。

出川入滇，在昭通巧家县小东门的三座早期石棺葬中，出土穿孔海贝25枚。

昆明地区的滇池沿岸的战国至西汉墓葬中，屡屡有海贝发现。晋宁石寨山滇王及贵族墓葬中，出土海贝总数近15万余枚，重约400余公斤。江川李家山滇墓中，也出土海贝数万枚。古滇人还制作专用的铜器贮存海贝，这就是造型奇特的贮贝器。

再往滇西、往滇西南，在大理剑川

古滇人的青铜贮贝器，有的贮贝器出土时，里面盛满了海贝

沙溪鳌凤山春秋战国墓葬中，发现海贝数十枚。

云南春秋至西汉墓葬中出土大量的海贝，总数约有25万枚之多，品种主要以环纹贝为主，也有货贝、虎斑贝。环纹贝中间有齿形沟槽，主产于印度洋至西太平洋的广阔温暖的海域，包括中国台湾、海南、南沙群岛等海域，环纹贝主要由印度、巴基斯坦和缅甸输入。

古蜀应当由南丝路与东南亚、南亚地区形成了常态贸易，引入南亚印度地区的等价交换物海贝充当货币，维持南方丝绸之路贸易体系的运作。学者们认为云南古代的贝币是受印度影响的结果，古印度一直有使用贝币的传统。但是现在所发现的三星堆古蜀国所拥有的海贝，却是明显早于古滇国的，说明在滇之先，环纹贝就已经自印度输入进来了。

古蜀人不仅拥有来自海洋的海贝，他们还用玉石制作海贝形饰品。从金沙人的玉海贝上，我们看到了南丝路形成的久远历史。

海贝曾是货币吗？

海贝在历史上真的做过货币吗？生活在海边的人，也许不会相信这是事实，他们觉得海贝那么平常，又那么容易得到，它怎么能当作货币呢？

其实这是一种特别的海贝，并不是那些扇形的贝壳。它个头不大但光洁可爱，便于穿系携带，也比较坚固。起初海贝应当只是作为饰品从海岸一带往内陆流传，随着传递距离的增加，它的价值也会逐渐增加。从新石器时代开始，到夏商周三代，海贝就作为珍宝出现在不少遗址和墓葬里。海贝由于其形体较小，便于携带，所以在当时也常被当作货品的媒介，穿系成一串串用于商品交易活动。一串海贝在甲骨文里称为一"朋"，一朋为大海贝5个或小海贝10个。这样的海贝就具有货币的功能，海贝因之也成了财富的一个象征。

就是这样的海贝，曾经当作货币使用，这就是"宝贝"的来历

　　河南渑池仰韶村出土过贝饰，远在青海的柳湾墓地也出土了海贝，这些可都是属于史前时代的发现。河南二里头夏文化遗址出土过贝币，这应当是中国最早的原始实物货币。到了殷商时期，商族与南方各部族往来，在商品交换中也以海贝充当媒介。商代海贝发现更多，商王盘庚将贝玉称为好货，称为货宝，常常将海贝赐给他的臣民。商王武丁配偶妇好墓葬的大量随葬品中有贝币多达7000枚，这即700朋的贝币。

　　到西周时以贝为宝依然是传统，山西芮城柴村的西周墓出土过骨制海贝12枚，山西长子西周墓葬的一件铜鼎中装有海贝50余枚。西周共王三年裘卫温酒的铜盉上，有铭文记裘卫用值80朋贝的玉礼器换了矩伯的10块田，海贝成了计价的媒介。

　　中原作为货币的海贝，大型海贝有虎斑宝贝、阿文绶贝、黍斑眼球贝、蛇首眼球贝，小型海贝有货贝、拟枣贝等，以货贝最多见，主产在东海和南海区域。货贝有一条长长的齿槽，为便于携带，在背部凿有小孔，早期孔小称为"小孔货贝"，后来穿孔较大称为"大孔货贝"。春秋战国时期的货贝背部几乎磨平了，称为磨背式货贝。

贝币是一种非金属自然物货币，商代中晚期至西周出现了石、骨、蚌、陶等制作的仿贝，这类贝币都比较小，长度约1.2～2.4厘米，价值等同于小海贝。不论实物海贝还是仿贝，价值都不及玉制贝，玉贝称为上币。后来又有了铜铸贝币，称作下币，一枚小铜贝一般重约3克，古时为5铢。河南安阳和山西保德出土过商代铜贝，是世界上最早的金属铸币。这样一来，贝币就成了中国质地最繁杂的同形制货币了。

春秋战国，三晋与齐鲁都铸行过铜质空心无文仿贝，鲁国所铸铜贝为本国主要的流通货币。南方楚国的铜贝为一种实心有文铜贝，又称蚁鼻钱或鬼脸贝，为主要的国币。其他一些地点还见到金贝和银贝，河南辉县东周大墓两次出土1000余枚包金贝。

海贝由饰品变成货币，又出现许多质料的仿贝，在古代中国使用的时间，应当在2000年上下，直到秦始皇时才在一统的旗帜下废除了贝币体系。海贝居然发挥过这样大的经济作用，这恐怕是一般人不曾想到过的。

东周包金贝币，它恐怕不会与一般的贝币等值使用

其实只要看看汉字中一些带"贝"偏旁的字，如财、贩、购、赀、贵、贷、贸、费、贿、赀、资、赌、赏、赐、赠……我们也该相信，这就是海贝曾经用作货币的影子。这么看来，海贝还真不是一种简单的物件。金沙人所拥有的玉贝，如果曾经作过货币使用，那还是一种上币呢！

玉玦缺口的来历

金沙出土玉器饰品中，有一种叫玉玦。这个玉器的名字也很有点怪，为什么叫玉玦呢？玦读作jué，与决同音，它并不是一个常用字，所以一般人不会知道正确的读音，自然也不知道它的意思。

玉玦为不封闭的环形，本来是圆环形，却琢出一个缺口。好好的一个完整的环，为何偏要弄缺它呢？

当然这个缺口是有用处的，这样的玉器它的特点正体现在缺口上。玉玦形体一般不大，在远古时代是一种首饰，一般是作为耳朵上的饰物，使用时将缺口卡在耳垂处。

玦是中国最古老的玉制装饰品，有8000多年的历史。玉玦成对出土于死者面颊部位，它其实就是一种耳环。新石器时代的玉玦较为素朴，显得略为粗壮。商代玉玦片状形居多，形体稍大。西周玉玦仍为片状，显得更宽大，有

金沙出土的玉玦，发现数量很少，制作也不够精致，但却是很有特色的饰品

的饰弦纹和云雷纹。东周玉玦形体变小，也作扁片状，普遍饰有蟠螭纹和蟠虺纹。

玉玦形如环而有缺口，具有一种残缺的美。有人说玦通"决"，它也隐含着这方面的意义。认为玉玦的用途，除作佩饰以外，还作信器，以玦示人表示断交之意，算是一种很艺术的外交方式。又说玉玦寓意佩戴者办事坚决果断，《白虎通》有"君子能决断，则佩玦"的说法。又据《广韵》说："玦，如环而有缺。逐臣待命于境，赐环则还，赐玦则决。"《荀子·大略》也说："绝人以玦，还人以环"。君臣之间的号令，就以玉环和玉玦作证，有点游戏人生的味道，未必是实。

我们再变换一个角度理解，想想古人为这玦的取名，也许并非是取诀别、决然的"决"意，当是取缺口之形为名，本意为"缺"。有了这个缺口，这件玉饰不用借助其他穿系物就可以直接佩戴，也算得上是一个很富有巧思的发明。制作这玉玦的本意，为的是得到一种精致的首饰，起初当不会有特别的意义。只是到了后来，知识人借题发挥，想出那么一些深意来，其实都只是引申而已。

其实玉玦不仅古代中国人喜爱，环太平洋地区的人似乎都喜欢它。玉玦也不仅仅是当作耳坠，有的地区的土著人甚至将玉玦卡在鼻梁上作装饰，自我陶醉在另类美感中。

早期新石器时代的玉玦，是中国最早出现的玉质饰品

当然那些土著人是断然不会懂汉语"玦"的意思的，他们的装扮，一定首先想到的是唯美。

璋有什么用处？

在三星堆和金沙都出土了不少玉璋，璋的形状有点特别，整体为长条形，器体平薄，上端有刃，下端作方形，像是一把刀。很多玉璋在下端阑部两侧有牙状突起，又专称为牙璋。玉璋大小区别明显，大可长达1米有余，小的长不及手指。

金沙出土的玉璋数以百计，超过全国各地发现总量，可见金沙人对璋是特别看重的。金沙玉璋色彩绚丽，形式多样，雕琢精美。玉璋阑部的齿牙变化较多，繁简不一，有梯形、台形和卷云形，也有抽象的兽首形。其中在两件玉璋的器身上，还用阴刻和镂空的技法刻画出了人面形的图案。

金沙的玉璋

金沙的小玉璋，出土数量也不少，关于它具体的用途，我们还不完全明了

　　金沙所见小型玉璋，有的小到只有指头大小，也发现不少，制作也很精细。这是大璋的微缩制品，有人认为它可能是明器，也有人认为它是装饰品。

　　玉璋在三代是重要的礼器，《周礼》有"玉作六器，以礼天地四方"之说，六器为璧、琮、圭、璋、璜、琥，璋列其中。《周礼·大宗伯》说，"以赤璋礼南方"，用红色的璋祭祀南方神，是因古代以南方为赤色。《尚书·顾命》说"秉璋以酢"，《礼记·祭统》说祭祀时"大宗执璋"，透露了玉璋的一些用法。

　　当然璋又有特定的用处，特别是牙璋，如《周礼·春官·典瑞》所说："牙璋以起军旅，以治兵守"，说牙璋是用于调兵遣将的。注家认为牙璋两侧有突起的牙，而牙象征兵威，所以用牙璋发兵，就像后来用铜虎符发兵一样。一为牡一为牝，即一雌一雄，调兵时看两件牙璋突起的牙能否合契，合契时就听从调遣。

三星堆出土刻纹玉璋，
上面有玉璋的图像

在三星堆二号祭祀坑出土的一件玉璋上，见到很精细的刻画图案。图案中的两座山形外侧，各插立着一枚玉璋，这似乎表明玉璋在当时可能是祭祀山川的礼器。二号坑中还出土一件跪坐的小铜人像，双手执着一枚玉璋，揭示出玉璋作祭的用法。

考古发现的玉璋，最早出现在4000多年前的山东龙山文化中。后来在山东、山西、河南、陕西、四川、湖南、湖北、广东、福建和香港都有发现，甚至在越南北部也有出土。当然还是以成都平原发现最多，三星堆和金沙都发现大量玉璋。

西周早期以后，玉璋的使用在中原已不再受重视。但玉璋传入古蜀地区却愈见发扬光大，成为祭祀活动中最重要的器物之一，制作更加精致，器形也发生了变化。

三星堆青铜执璋人雕像，这应当是解释玉璋用途与用法的重要证据

弄璋与弄瓦的含义

《周礼》说到牙璋的一个重要的功能，是古代调动军队的一种符信，与我们更熟知的虎符类似。当然玉璋制作使用的年代更早一些，虎符也许正是取璋而兴的又一类兵符。

掌控兵符，那一定是将帅了。生个小子，想让他成长为领兵作战的将军，究竟会不会是个将才呢，也许看看他对玉璋有无兴趣就知道了，他若真喜好弄璋，未来战功卓著就是可以期待的了。于是乎生了男孩，就让他弄弄璋，至少也能培养出一点勇士的气质来。这样一来，居然就出现了"弄璋"之俗，也就有了这样一个特别的语汇。再到后来，古人干脆就称生男孩为"弄璋"，贺人家生男就称为"弄璋之喜"了。

与弄璋对应的还有一个语汇，叫弄瓦，古人将生女孩称为"弄瓦"，也就还有"弄瓦之喜"一说。

古代的纺轮，有玉石质的，更多的是陶质的，是纺车出现之前广泛使用的纺线工具

弄璋与弄瓦，典出《诗经·小雅·斯干》：

乃生男子，载寝之床，载衣之裳，载弄之璋。
乃生女子，载寝之地，载衣之裼，载弄之瓦。

若是生了男孩将他放在床上，穿着衣裳，玩着玉璋。若是生了女孩就把她放在地上，裹着衣被，玩着瓦器。诗中寄托了对男女成长的不同期望，男人自然是要建功立业彪炳史册，女人则要用心衣食操持好家务。

诗中所说的"载弄之瓦"，历代有不同的理解。唐孔颖达注诗说"瓦，纺砖，妇人所用"。纺砖是什么呢，清代王应奎《柳南随笔》说纺砖是纺车下压的一块砖。这是不解而强为之解，真要有这样的砖，一定不小也不轻，让一个初生女婴拿着把玩，可信？

瓦，应当是纺轮或纺锤之类的陶器，当然古时并无陶器之名，总称作瓦器。因为纺线是女人的分内之事，给小女子纺轮玩玩，自然也是为着培养她的兴趣。

璋为玉质，瓦为陶制，两者质地截然不同。璋为礼器，瓦（纺轮）为工具，使用者的身份也完全不一样。

《诗经》中弄璋弄瓦的本义，其实与后人理解的所谓重男轻女观念，并无什么关系。当然到后来就成一些特指的概念，那就另当别论了。宋代还有弄瓦趣诗，值得一读。东坡先生的父亲苏洵在二十六岁时，妻子生了第二个女儿，邀请好友刘骥赴宴庆贺。刘骥醉后吟了下面这首"弄瓦"诗：

去岁相邀因弄瓦，今年弄瓦又相邀。
弄去弄来还弄瓦，令正莫非一瓦窑？

人家妻子生了两胎女儿，戏谑说是一座瓦窑，也算是可以一笑。

说到弄璋弄瓦，又让人想起另一个与玉与瓦相关联的故事来。

北朝东魏末代皇帝孝静帝，在不得不将帝位让给了他自己的丞相高洋以后，第二年孝静帝同自己的三个皇子也都被毒死了。这场宫廷政变的结果，是高齐代替东魏，又完成了一回改朝换代。

在高洋当皇帝以后，到第十年夏月的一天，出现了一次日食。当皇帝的最怕日食月食之类的天象，担心这是不祥之兆，不是怕命悬一线，就是怕帝位不稳。高洋则是担心自己篡夺得来的皇位保不住，他思考汉末王莽夺了刘家的天下，为何后来光武帝刘秀又能把天下夺走呢？有一位谋士也说不明白其中的道理，只是随便说是要怪王莽自己，因为他没有把刘氏宗室人员都斩尽杀绝。

高洋觉得这话说得很对，于是大开杀戒，将东魏宗室近亲44家共700多口人全都处死，妇孺无一幸免。那些远房宗族非常紧张，其中有个县令元景安说，保全性命的唯一办法，是请求高洋准许他们脱离元氏宗族，改姓高氏，做一个彻底的投降派。元景安的堂兄元景皓坚决反对这样做，他斩钉截铁地说："大丈夫宁可玉碎，不能瓦全！"他宁愿被杀头，也决不改姓。结果元景安去告密，元景皓被杀。元景皓玉碎后，元景安瓦全了，他改作高姓，而且得到升迁。不过高洋的命运还是不济，三个月后他就病死了。

"宁为玉碎，不为瓦全。"玉和瓦的对比，居然还生出这么悲情生动的故事来，里面的滋味是可以反复琢磨的。也许后人并没有读懂元景皓的话，其实他应当还是在以玉喻男以瓦喻女，他的话意思是说：我宁可做一个被杀戮的男子汉，也不做改姓换名的妇人。因为女人出嫁后就隐没了原有的姓氏，在元景皓心里，不能为着保全性命而像女人一样变姓，这样的"瓦全"他是决不接受的。如果这个理解不错的话，他说的"玉碎"之玉，实际指的就应当是玉璋了。

大璋与小璋的区别

玉璋有明显的大小之别，大小悬殊。大的长有1米余，小的只有几厘米，相差有30倍之多。

金沙玉璋一般都有三四十厘米长，更长的也有七八十厘米。最长的大璋出自三星堆，残长达159厘米，宽23厘米，被称为"璋王"。

还有一种小玉璋，长仅在5厘米左右，是大璋的缩微造型，小巧而简洁，别有风格。小玉璋在金沙遗址祭祀区出土较多，形制大体相同。这种小型玉璋在三星堆遗址也有发现，形制也基本一样。小璋虽体量较小，但制作也算精细。

也许大璋的使用，都是在非常隆重的场合，需要臂托肩扛，这在玉璋的图案上已见细微的描绘。

不过这样的大璋，也不一定属王者专有，它在贵族间也可以当作礼物互相赠送。陕西扶风县青铜器窖藏出土的两件大口尊上的铭文，记录了一个用玉璋行贿的故事，也了结了一桩历史悬案。传世的周代铜器中有"五年琱生簋"和"六年琱生簋"，上面的铭文记载了同一件事，"五年琱生簋"说西周厉王五年，一位名叫"琱生"的贵族因开垦私田收养奴仆过度而被人告发，这样的违法行为按律当罚。为此朝廷指派一个名叫"召伯虎"的人督办此案，"琱生"急着给召伯虎的母亲送去了一件珍贵的青铜壶，请召伯虎的母亲帮忙说情。后来又加送召伯虎的父亲一件大玉璋，召伯虎居然答应了他的请求，而且又得到了"琱生"送的一件朝觐用的玉圭。"六年琱生簋"的铭文则记着在第二年"琱生"的官司平息，没有受惩罚，于是"琱生"再次送给召伯虎一块玉作为报答。新出土的大口尊铭文也说到了这件事，说是"琱生"给召伯虎之母和审案官员分送了玉璋、玉璜与丝织物，还为召伯虎之父铸造了祭祀用的尊。

这玉璋价值的珍贵，由这一场官司可以感觉到。不过行贿用的玉璋，它的神圣可能会打不少的折扣。

当玉璋制成小样，小到看不出有什么威严神圣的感觉，它的功能与用途一定是发生了改变。正是因为小璋太小，小到尽可在掌中把玩，有学者认为它可能是模式化的明器，也有人认为它是由礼器变换成的装饰品。

不过从发掘者的角度看，因为金沙小玉璋也都出自遗址的祭祀区，所以它可能仍是一种祭祀性用品。这种小型璋与大型璋相比，也许有着同样的象征意义。

值得注意的是，中原地区没有发现过这类小玉璋，它应当是古蜀文化所特有的玉器。近些年在中国香港和越南北部，也陆续出土过类似的小玉璋，显然是受古蜀文化辐射影响的结果，也说不定是当时直接由金沙输入的呢。

大璋与小璋，兴许都可以作礼品相互赠予，也可以作商品彼此交换。玉璋上包含的神圣信息，就在这样的赠与和交换中传递到了更远的地方。

金沙玉料的产地

金沙出土大量玉器，那我们会问，制作这些玉器的原料是取自何地呢？

过去人们判断玉器的玉料产地，一般是凭借自己的经验，要想说出个八九不离十，那是很不容易的。现在引用了一些科学检测手段，结论更可靠了，也更准确了。

因为埋藏土壤环境的影响，金沙玉器受沁后表面常常呈现红、紫、褐、黑色彩，这也明显改变了玉料原本的色泽。有了这样的改变，如果仅凭肉眼来判断玉料的来源，困难就更大了。通过对金沙遗址出土玉器采用油浸法晶体光学鉴定，个别材料做少量X线衍晶体物相分析，确定玉器材料主要是透闪石软玉，也有少量阳起石、透辉石、斜长石等。也就是说，首先确定了它们是玉，然后就可以确定它的产地。

全国有名的玉石产地，东北、西北和中部都有，但西南地区有没有，过去人们并不很注意。其实四川本地宝玉石产地也不少，其中软玉可分为蛇纹玉石、透闪石玉、大理石玉等。检测得知金沙一部分玉料，来于成都西北方向不远的汶川龙溪乡。龙溪玉主体为透闪石单矿物岩石，与透闪石棉、方解石块体和伊利石脉共生。龙溪玉玉质细腻，抛光显油脂光泽，有星状和绢丝状反光。龙溪玉的显色主要有黄绿色和淡绿色，也有深绿和灰白色等。

《山海经·中山经》说岷山"其上多金玉"，《华阳国志·蜀志》记玉垒山"出璧玉"，《汶川县志》中也说"龙溪乡马灯的变质岩中产绿玉和白玉"。不过历史上龙溪玉的开采不见于文献记载，由于它的矿物特征与三星堆金沙玉器一致，所以一些研究者断定龙溪玉是商周时期成都平原玉器的主要原料。这也可以说是就地取材了，正因为有丰富的矿源保证，所以古蜀人的玉器制作规模很大，有这么多古玉发现也就不足为奇了。

洪荒的远古，是坚硬的石块为人类带来了漫长的石器时代。

在那样漫长的时代，石块不仅为器为饰，还曾用作雕刻画写那些容易忘却的历史篇章。

击石拊石，百兽率舞。古代还以石块作乐，抑扬顿挫，入耳动心，让人和神都从中得到愉悦。

中国古代的金石之声，都是平凡山石的贡献。

石块上的乐音，是千古不变的铿然之声。

石

千古不变的铿然之声

大石璧的用处

古蜀人爱璧，金沙和三星堆都发现不少璧，有玉璧也有石璧。璧形相同，但却有大有小，且大小悬殊。

金沙遗址祭祀区出土了许多大小不同的石璧，最大的直径达84厘米，小的仅有4厘米。发掘中看到许多石璧孔壁涂朱。金沙石璧的埋藏状态，有的是从大到小依次排列，有的与石跪坐人像、石虎和石蛇同在，有的与石饼形器和石璋共存。

璧本是中国古代使用的重要的礼器之一，古蜀人制作大量的石璧，也是用于祭祀的礼器吗？

石璧
Stone Bi (disk)

金沙大石璧，有的
大得一般人不一定
搬得动

金沙出土大量石饼形器，它们会不
会是石璧的半成品呢？

我们都知道战国"和氏璧"的故事，宝璧价值连城，相信那不会
是一个虚构的故事。

可造型并不奇特，制作也并不繁难的璧，为何有这样高的价值，
又有什么实际的用处呢？

璧的用途有多种说法，且时代不同，用材不同，其用途也有
变化。

三星堆石器中的石璧很早就引起研究者的关注，对它的用途进行
了一些分析。根据出土石璧有由大到小叠放的现象，认为这些石璧属
古代的"权衡"。这是什么意思呢？说它是当时使用的环形砝码，是
用于称重的衡器。

石璧真是个解不开的谜，石璧让许多研究者着迷。有人甚至从四
川"火边子"烤牛肉片得到启发，推测"璧，'大肉片'也"，说璧
象征着献给神灵的肉食！

早期的璧较小，直径不过10厘米上下，多用作装饰品。在考古中有时会发现这样的璧就戴在死者的手腕上。后来璧做得越来越大，直径达到20～30厘米，不再能戴在手腕上。更大的璧直径有超过40厘米的，也有大达70多厘米的。像金沙这样直径超过80厘米的石璧，在别处还没有见到过。

　　学者们都熟悉《周礼》中"以苍璧礼天"的记述，因为璧成一个圆环状象征的是天，天玄而地黄，苍玄都是天的颜色，所以用苍璧礼天。璧也用于祭山川，祭祖先，求平安。如唐段成式《酉阳杂俎》所说，"古者安平用璧，兴事用圭，成功用璋"。

　　璧也可以作为下对上的献礼，"诸侯享天子用璧"，觐礼献给周天子的璧，还要用束帛包好。后来璧又用作婚姻纳聘之礼品，也要用束帛包裹。

　　更有用璧作埋葬死者殓尸的。《周礼》就说"疏璧琮以殓尸"，六瑞之玉，都可用于殓尸，所谓"圭在左，璋在首，琥在右，璜在足，璧在背，琮在腹"，象征着天地四方。在考古中有时也分不清发现的璧哪是殓尸的、哪是随葬的，良渚文化墓葬中常有许多璧出土，有时一座大型墓中发现30多件璧，有人说放在背部的璧可能作殓尸之用。湖北省随州曾侯乙墓出土石璧48件，湖南长沙马王堆一号汉墓出土涂金抹银的木璧32件，这些当是专用于随葬的。

　　还有人说，璧也是古代曾经使用过的一种乐器，这倒是很新颖的说法，我们在下文再细说。

成组石璧是敲击乐器吗？

　　有一种特别的现象引起了人们对石璧的兴趣，就是不论在金沙还是在三星堆，还有其他一些地点，不仅有大石璧发现，而且石璧常常成组发现。有的学者从成组石璧的埋藏状态、形制、大小和特征，以及石料来源、加工工艺等方面作了分析，认为成组石璧可以作为发出乐声的器物，有可能是一种乐器。

这是一个大胆的推测。不过研究者并不是只局限在推想的层面，还采用进一步探测和实验手段寻找证据。从一个全新的角度发掘石璧的内涵，这个观点很值得关注。

因为良渚文化中出土璧最多，所以也作为研究古蜀石璧的重要参照。研究者考察良渚璧在形制和器物的大小、厚薄、材质等方面，都已符合板体打击乐器的特征，璧应当是良渚文化一种具有良好音乐声学性能的一种器形。

经过检视多处的发现资料，还证实璧有成组埋藏的现象。如良渚文化有一座墓葬出土玉璧54件，其中3件一组的共有8组。另一座墓葬出土玉璧43件，有4件、2件、3件在一起的成组现象。

这让研究者想起最早的成组乐器石磬，也是3件一组，而铜铙也是3件一组。璧也常常为3件成组，这是被研究认璧为乐器的重要理由之一。

许多璧上都遗留着制作和使用时的痕迹，如出土玉璧形制一般规整，但却见多数璧"中间厚，边缘薄"，其中一面平整，一面有"打磨""摩擦"痕迹。这样就有了一个明显的问题，为什么璧的两面加工不一样呢？

这种璧面上的异样痕迹，在其他遗址出土的石璧上也很明显，可见是一种普遍现象。在三星堆和金沙石璧上，还见到一面的两侧边缘琢磨有对称扇形斜面。研究者由声学原理分析，这些痕迹不论是在一次性加工中留下的痕迹，还是在二次或多次加工中造成的痕迹，均会对器物的振动频率产生影响，从而产生不同的音高，对音强和音色也有一定影响。璧的边缘留下的摩擦痕迹，也有可能是演奏痕迹。

璧中有环孔，孔径对音强也有明显影响。通过对三星堆一处地点出土11件成组石璧作复原调音实验，发现孔径的大小对璧的音乐性能会产生积极影响。钻孔由小到大，不断扩大孔径，结果是音强不断增加，不过扩孔对音高的变化影响却很小。这是一个有趣的实验，让我们了解到了璧的更多秘密。

石璧与玉璧是否曾经作乐器，口说无凭，还要看音程音序测试结果。实验者使用电子设备和相关软件，对四川出土的30多件石璧作了音乐声学测量，敲击石璧可发出乐音，感觉音色圆润清亮，音高比较清晰。石璧的音高与石璧大小、厚薄呈有序递增或递减关系，玉石璧器面越大、越薄，音高越低，反之则升高。让实验者高兴的是，三星堆一组石璧可排列出七声音阶，音域跨小字3组和5组。

接着对陕西东龙山几座夏代的墓葬发现的42件玉璧作音乐声学测量和综合研究，成组的玉璧也测出"七声"和"五声"音阶，音域同样以小字4组为主，跨三个八度。

实验者的结论是：璧是古蜀的祭祀礼器，在祭祀礼仪中用作敲击节奏，待祭仪结束，一组璧被埋入地下。这样看来，璧还真的可能充作乐器使用过，尤其在古蜀时期人们可能真的欣赏过石璧、玉璧的独特乐音。

河南方城汉画中的击鼓图，鼓架上似乎同时悬挂着璧，可以璧鼓同鸣河南方城出土的一方汉画像石上，绘两人举棰击鼓图，在鼓架上悬挂上大下小的四件璧形器，这有可能不是当作装饰而是当作乐器的璧。璧、鼓相配，不知奏出的音调是否协和，也不知在什么样的场合才能演奏。这个画面给我们一些启示，璧乐在后来的时代也并没有完全销声匿迹。

大璧悬挂的方法

大璧要观赏，要悬挂起来才好。大璧作装饰，也得悬挂起来。大璧要演奏，更要悬挂起来。唐人编的《初学记》引汉代人的《尚书·中候》说："日月若悬璧，五星若编珠。"玉璧是得悬挂起来，所以就有了"悬璧"一说。

那么大璧是怎样悬挂的呢？

我们在仰韶文化的彩陶上，发现了悬璧图案。在圆圆的环璧上，绘有两股线绳穿系着，这是极难见到的图像。这样的悬璧图案是二方

成都郫县

四川德阳

河南郑州

河南新野

汉画悬璧图，可以看出古代悬挂璧的方式有些变化，有的挂法还真好像是为便于演奏设计的

连续式构图，好似若干件璧并排悬挂在一起，是以黑色作地纹表现出璧的轮廓，中间用圆点表现璧孔，两根线绳穿系在璧面上。看到这样的悬璧画面，似乎可以听得到它的叮叮当当，可以感觉到它的摇摇荡荡。

这样的悬璧之象，在后世还能见到。在汉画中见到不少龙交于璧的图像，应当是祥瑞之象。此外汉画中还有四神悬璧的图像，有龙虎合力悬璧图，也有对立朱雀悬璧图，也有梁上悬璧图。悬璧是一种瑞景，如果只是作为一种礼仪传统来看待，我们也可以将这一传统的出现上溯到庙底沟文化的时代，彩陶上的纹饰记录了那个时代留下的证据。

从汉画上看，悬璧必用绢帛与绳索，可以左右两股绳分拉悬挂，也可以单股绳吊挂，还可以用左中右三股绳合挂。可能后一种悬挂法更适合于演奏，悬璧不会前后翻转左右摆动，也恰恰在乐器架画面上看到有这样的悬璧图像。

值得注意的是，在金沙祭祀区发现数十件石璧比较整齐地埋藏在一处，发现时看到它们都呈一定角度的倾斜，而且是向同一方向倾斜，不知这是不是保存了使用时的状态。如果是，那这大约应当是一种悬挂状态，试想那么多的石璧悬挂在一起，该是多么壮观，多么肃穆！

从"完璧归赵"中认识璧的价值

战国时期有一段很重要的历史与璧有关，这就是和氏璧完璧归赵的故事。不论是石璧还是玉璧，在中国历史上一定发生过许多的故事，不过好像只有这一段完璧归赵，将璧的价值演绎得最是生动。

许多古籍如《韩非子》和《新序》都记录了与和氏璧相关的掌故，司马迁的《史记·廉颇蔺相如列传》也记录了此事。

故事说春秋有个叫卞和的楚人，在荆山发现一块璞玉，他觉得是难得的宝贝，就拿去献给楚厉王。厉王命玉工查验，玉工看走了眼，

楚国故地出土古玉璧，如果是和氏璧，会不会就是这般模样？

说只不过是一块普通的石头。厉王怒以欺君之罪砍下卞和的左脚，逐出国门。厉王死后武王即位，卞和又捧着璞玉去献武王，玉工仍说是石头，卞和因此又失去了右脚。到了楚文王继位，怀揣璞玉的卞和在山边痛哭了三天三夜，哭得两眼溢血。文王以为他是因被削足而悲伤，卞和说是因宝玉被认作石头、忠贞之士被当作欺君之臣的是非颠倒而痛心。文王动了心，这次命玉工干脆剖开璞玉查验，结果证实是稀世宝玉。卞和为这块玉失掉了两只脚，不过也算终成正果，这宝玉后来名为"和氏之璧"，一定是被玉工雕琢成了玉璧。

和氏璧在流传中名声越来越大，价值也越来越高，有"价值连城"之说，成为"天下所共传之宝"。

和氏璧成了楚国的国宝，后来楚国用和氏璧向赵国求婚，宝玉也就成了赵国的最爱。又说是到楚威王时，将玉璧赏赐给了伐魏有功的昭阳相国。有一次昭阳在水边宴宾赏璧，有人高呼"渊中有大鱼"，待宾主临渊观鱼回席，和氏璧已是不翼而飞。有人怀疑是相府门人张仪窃走了玉璧，可拘拷无果。这张仪可不是等闲之辈，受辱后一直怀恨在心，后来入秦拜相，玩出了拘楚怀王、克楚郢都、取楚汉中的把戏，也算是报了因和氏璧郁积的仇恨。

玉璧被窃后辗转流入赵国，为赵太监缪贤所得，又为赵惠文王据有。秦昭襄王听说和氏璧到了赵国，提出要以十五座城池作交换，处于弱势的赵国明知有诈，可是也不敢怠慢，不情不愿地便派蔺相如奉璧使秦。

秦王见了蔺相如带来的和氏璧，却无意给赵国城池。蔺相如知道结局不妙，他也心生一计，编了一通理由诈秦王说："和氏璧天下闻名，在我送它入秦之前，赵王斋戒五日，举行了隆重的送宝仪式。现在秦王要接受这宝玉，也应该斋戒五天，也要举行接受宝玉的正式仪式。"秦王信以为真，却不知在他等待的这几日里，蔺相如已经暗地里派人携璧回赵，正所谓"完璧归赵"也。

赵国后来还是没有能保住自己的宝贝，秦破赵，和氏璧终为秦所得，秦始皇为拥有和氏之璧而自豪。秦将玉璧改制为传国玉玺，丞相李斯写了"受命于天，既寿永昌"八个篆字，由玉工孙寿刻到了玺上。和氏完璧虽然最终并没有保全，它却再一次升值，由璧变玺之后，成为皇权的重要象征之一。

和氏璧因为是世间稀见的美玉，因为是古人与天等观的环璧，所以能价值连城。又因为它来历不凡，传承不俗，还是忠诚与气节的象征。一件和氏璧引出一串故事，还留下"完璧归赵""价值连城"的成语，文化价值也不可低估。这样的璧确实值得珍爱，它并不仅仅是一块识得与识不得的玉。

和氏璧、秦皇玺的传奇

历史上所说的传国玺，说是奉秦始皇之命用和氏璧改制而成，玺方四寸，五龙纽。后代帝王以得此玺为符应，当作国之重器，不过辗转传承千余年后，却销声匿迹不知所终，留下又一个难解之谜。

和氏璧改制的传国玺，又写下了怎样的历史呢?

首先是秦始皇自己没有如愿，他并没有得到寄托在玉玺上的"既寿永昌"，不过50岁就死在了出巡的途中。到秦子婴即位的第一年，刘邦大军陈灞上，子婴不得不跪下献出玉玺，强秦宣告灭亡。

到了西汉末年，时势动荡不安，幼主孺子婴将传国玺藏在太后居住的长乐宫。王莽篡权，吩咐他的兄弟王舜去讨要玉玺。太后怒骂一通之后，明知也保不住了，愤愤地将玉玺摔到地上。玉玺被摔破了一角，王莽令工匠用黄金补上，破玺也让他满心欢喜。很快王莽兵败被杀，禁卫军一校尉带着传国玺赶到宛城，献给了更始帝刘玄。不数年刘玄被赤眉军杀死，改立刘盆子。刘盆子兵败后，又将传国玺留给了光武帝刘秀。东汉末年时，宦官专权，袁绍领兵入宫诛杀，灵帝出逃，玉玺在战乱中失踪了。

汉献帝时董卓作乱，孙坚率军攻入洛阳。有兵士在城南一井中捞出一个投井的宫女，见宫女颈上系着一个小匣，匣中正是失踪的传国玺。孙坚秘藏玉玺于妻吴氏处，袁术拘吴氏夺玺。袁术死后，玉玺送至许昌，时曹操挟献帝而令诸侯，至此，传国玺得重归汉室。

传国玺在汉代400多年几经波折，到汉献帝被迫"禅让"，玉玺又改换了名姓。曹氏建魏，又让人在传国玺一侧加刻隶字"大魏受汉传国玺"，篡政勾当欲盖弥彰。

半个世纪还不到，曹魏失势，司马炎称帝，于是传国玺归晋。又过了不到半世纪，晋怀帝司马炽被俘，玉玺又归了前赵宫中。19年后石勒灭前赵，玉玺为后赵所得，又在另一侧加刻"天命石氏"四字。几十年间，玉玺再传至冉魏，冉魏以传国玺求援，晋军以三百精骑南送玉玺至首都建康，传国玺重归司马氏。

传国玺经南朝宋、齐、梁、陈四代，隋一统后入玺宫中。隋炀帝杨广在江都被杀，萧后同太子带着传国玺逃往突厥。

李唐立国，没有传国玉玺的太宗李世民很是郁闷。唐军讨伐突厥，寻得萧后，传国玺归唐。唐末大乱，朱全忠废哀帝建后梁，夺得传国玺。十几年后，后梁灭国，传国玺归于后唐。又十数年，石敬瑭攻洛阳，末帝李从珂怀抱传国玺在玄武楼自焚，传国玺从此没了踪影。

传北宋时有农夫耕田时发现传国玺，真假莫辨。待到金兵破汴梁，徽钦二帝被掠，农夫发现的"传国玺"也被金人掠走。

元代时，有人在大都卖宝，说是"传国玉玺"，相国伯颜购入府中。不过这位伯颜曾将收缴来的历代印玺磨平，分发王公大臣刻印，不知这传国玉玺是否也在其中。明朝开国，当上皇帝的朱元璋说有三件憾事，第一件就是"少传国之玺"。

明清两代时虽然传国玉玺一次次地被发现，不过是附会与仿造而已。现代又有和氏璧流传日本之说，也是很难取信了。

和氏璧、传国玺何在？这也许是一个永远不能开解的谜。

后代臆刻的传国玺印文，这种印文有许多版本，文本与字体都有明显区别，不足为信

金沙石磬是一种乐器

金沙出土了两件石磬，这个发现让人们感到意外。石磬是古代的一种乐器，古时说"八音合鸣"，其中就包括石质的磬音。石磬是一种敲击乐器，古时一般要编组与其他乐器一起演奏。

西汉时的扬雄在《蜀王本纪》说古蜀人

"不晓文字，未有礼乐"，可是三星堆和金沙都发现了一些乐器，特别是金沙两件石磬的发现，让我们没法接受扬雄的武断。

金沙大石磬长1米有余，圆角长条形，形体平薄，背侧穿孔。穿孔是用于悬挂的，石磬要悬挂起来演奏。在金沙文物陈列馆，我们不仅可以观赏出土的石磬，还能聆听到石磬敲击饱满的清扬的乐音。

石磬是古代一种重要的乐器，它出现于史前时代末期，在黄河流域陆续出土过史前大石磬，山西和青海都见到长近1米的大磬。史前的石磬没有统一的形状，制作不精。它们有的与石犁、石铲和石刀同形，磬的发明当与生产工具有关。

甲骨文中的"磬"字，作一人站立敲击悬石状，磬字的构形说明了石磬悬挂演奏的方式。

三代都有以石磬作乐的传统。大禹在王宫前悬钟磬，献国策者敲钟，报忧情者击磬。商代时制磬技术成熟，各部位有固定的规格比例，磬体磨制光滑，有时还刻画有装饰图案，殷墟出土过虎纹磬和龙纹磬。商王祭祀天地山川用石磬；祭祀祖宗先帝用玉磬，《诗经·商颂》有商人追思先祖的"依依磬声"。

成组的编磬出现在商代，三五枚一组。西周时玉磬只有王宫中才能悬挂，是王权的象征，有专业"磬师"。编磬在春秋战国时代更为

金沙出土大石磬，它让我们听到了3000年前的古蜀乐音

曾侯乙墓编钟，敲出美妙的音符

流行，大小不同音程的石磬编成一组，能敲击出完整的乐曲，常与一起编钟配曲。湖北随州曾侯乙墓出土一组编钟与编磬，编钟64件，编磬32枚，测试磬的音域跨三个八度。

金沙的石磬属特磬，那时应当还没有制出编磬。平日磬可能就悬挂在古蜀王的王宫前，举行祭祀大典时它便被移置祭仪现场。祭典结束后，石磬也被当作献祭的礼品，与其他珍贵的祭品一同埋到了地下。

石磬的原型

金沙出土的石磬，从形状上看不过就是一块简单的石片。不过石磬的造型，它是有一定来由的，并非是随意取来一块石片就能使用。

我曾经在青海黄河岸边的一个农户家里，意外发现一件大型石磬，它是早年在农田中发现的，可能是一座墓葬的随葬器。石磬采用一块板材制成，方方正正，长96厘米，宽61厘米，因为形体很大，我称它是"黄河磬王"，它的历史有4000多年。它是仿制同时代长方形石刀的形状制成，与传统所见的弓背曲尺形磬不同。那样的石刀很小，小到正好握在掌中使用，方方正正的，是收获谷穗用的。挂起巨磬，用一件木槌轻击不同部位，乐音铿然，宏远深沉，让人肃然起敬。

有人说，磬起源于某种片状石制劳动工具，是由工具演变而来。由我见到的"黄河磬王"看，它正是仿照石刀的形状制成，所以我相信这个说法。山西襄汾陶寺3002号大墓出土一件用角岩打制成的石磬，顶部呈弯背形。山西夏县东下冯出土的一件夏代石磬，用石片打制而成，与陶寺石磬一样，也是弯背形，形状与石镰相似。又读晋人郭璞注《尔雅·释乐》说"磬形似犁錧，以玉石为之"，是说磬与犁头相似，挂起来便可敲响。不仅仅是石犁，大一点的片状石器都可能挂起来敲响为乐，也许早期的石磬还有更多的外形我们没有见到。

在商代王室宫廷中磬是重要的礼乐器，不过磬的形制还并不很固定，但多见上弧下直的不等边三角形，造型不规整，甚至也是多用打制方法制作，没有磨光。西周至战国时期，磬定型为折体形，直至汉代以后基本都是这种形状，但多磨制光滑，棱角分明。石磬完全定型以后，我们就不容易判明它的原型究竟是什么了。

金沙石磬被称为商周时期的"磬王"，古蜀的石磬磨制并不精致，也不能确定它的原型是什么。不过传在三星堆出土过比较精致的石磬，金沙今后也许会有更多的发现，说不定也会有精致石磬面世。

陶寺文化的打制石磬，我们现在看它不过就是一块石片，可在当时却不是谁都能拥有的，它是等级地位尊卑的一个象征原始人类生活的整个更新世，不断沿着一条石头和骨头的踪迹前进，石头是人类的武器，骨头则是人类的庖厨垃圾。人们用石头作武器，猎取各种动物维持自己的生存。考古学家也正是由那些以百万年计的庖厨垃圾中，获得了远古狩猎者的许多信息。

　　最早的人类从动物群中走来，虽然不再与动物为伍，为了生存与发展，却依然要与动物同行，要从动物身上吸取相当部分的能量，他们一代一代地成为狩猎者，用动物的血肉强壮自己的体魄。每个男子都是勇敢的猎人，从古到今在地球上生活过的人有800亿之众，据说700亿以上的人为狩猎兼采集者。

　　后来的牧人们、农人们，与畜养的动物一起前行，走过了岁岁年年。

　　与人同行的动物们，献出了它们的肉体与皮毛，也献出了它们的利齿与骸骨，还献出了它们的灵性与智巧。与这些远去的生命对话，我们寻找到许多古老的话题。

骨

与远去的生命对话

占卜先知：首选乌龟壳

在金沙发掘到19具龟甲。龟甲也就是乌龟的壳体。这些龟甲有的是乌龟腹甲，也有完整一些的龟壳，它们并不是一般的庖厨垃圾，每块龟甲都有一些有意烧灼成的小孔，孔形与殷墟出土的有字甲骨相似。显然这些龟甲也是占卜用过的，虽然在卜甲上没有发现文字刻画，但我们并不怀疑这些龟甲的重要性。

商代王室盛行用龟甲占卜决定行为方式，占卜的结果用文字刻画在龟甲上。这些占卜用过的龟甲被成批地埋藏起来，过了3000年的时光之后，龟甲又重新出土，早已忘却的甲骨文又回归到我们的知识体系中。

甲骨文的发现富有传奇色彩。清末光绪二十五年（1899年）时，居住在北京的山东人王懿荣患疟疾去诊治，医生为他开了中药方子，里面有一味药是"龙骨"。家人到宣武门外菜市口一家中药店达仁堂按方抓回来了药，王懿荣开包查看，意外发现龙骨上好像刻有一些不怎么认识的字。事情也还真是凑巧，这王懿荣是个金石学家，对铜器铭文很有研究，龙骨上的发现让他欣喜不已。他让人到药店将所有带字龙骨买回，研究一番后就断定龙骨上刻写的是一种比金石文字更古老的文字。

也还有另外一种说法，说是古董商人得到有字龙骨后送给王懿荣辨认，然后就追踪到了河南安阳，结果不仅发现了更多的有字龙骨，还确认甲骨上刻画的是商代的文字。接下来就发现了殷墟，发现了一

金沙出土占卜用的龟甲，龟甲上有烧灼小孔，孔形与殷墟出土的有字甲骨相同

金沙出土完整龟甲，形体很大，属于长寿龟

段实实在在的历史。

在那样的时代，人们很想预知自己行为可能的结果，也想预知行为方法的合宜与否，会想出许多方法来为自己的决定服务，各种占卜的方法因之被发明出来。占卜成了人类先前一种普遍的信仰，占卜的方式也千差万别，常见的有鸡卜、骨卜、鸡蛋卜、蚂蚁卜和工具卜等，而龟甲占卜则是一种比较特别的方法。

为何要采用龟甲占卜呢？

这个问题在2000多年前，子路就非常认真地请教过孔子。此事在汉代王充的《论衡》中曾经提到过，说有一天子路问孔子：猪的骨头和羊的骨头都可以占卜，苇荻的枝叶也可以占卜，可是人们为什么一定要用龟甲来占卜呢？

孔子这样回答说："占卜就像是一个幼稚的小儿遇事都想问一个为什么，也许他首先会去找一位白胡子老爷爷，老爷爷在小儿看来一定是经验丰富的人。人们占卜时首选龟甲，是因为乌龟的寿命最长，它博古通今，无所不晓，有疑问时不问乌龟又能问谁呢？"

孔子的回答很是生动，说用龟甲占卜就像是向一位睿智的老者求教一样，这是一个很合理的选择。当然我们也不必相信孔子真的解答过这样的问题，不过这也一定是古人寻找到的一个很有说服力的答案。

《礼记·礼运》说"麟、凤、龟、龙，谓之四灵。"龟与麒麟、凤凰和飞龙这些传说的神奇动物并列，可见它的地位之高。其实在史前时期，龟在人们的心里已经不是一般的动物，龟甲不仅被用作随葬品，而且还用玉制作成龟形和龟壳饰品。在玉龟壳中还盛有一些小石子，这已经是一种特别的占卜用品了。

由金沙出土的卜甲看，古蜀时代也由中原文化中引入了龟甲占卜的方法。看着这些卜甲上烫烧成的小孔，人们感慨这些小孔也许和古蜀命运息息相关。有人想象这些看似简单的卜甲也许曾经决定了古蜀国的走向，它们或决定着战争，或决定着媾和，或决定着迁徙，或

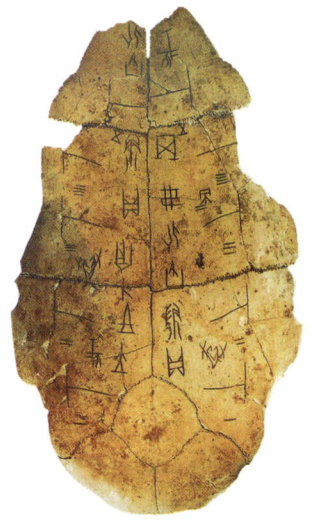

殷墟出土占卜用的龟甲，龟甲上有灼孔，很多同时还刻写有文字，这便是甲骨文

决定着收成。特别是在金沙见到一块长59厘米的龟腹卜甲，这是罕见的大卜甲，它一定是在决定古蜀国大事中使用过的。

当然也很遗憾，这些卜甲上并没有文字，我们并不知道它们的占卜结果是怎样的。不过我们还可以猜想，可能古蜀国埋藏在金沙的大量占卜档案还没有发现，在未来的发掘中，也未必不会见到刻写有文字的卜甲。因为蜀人学来这种占卜方法时，也一定是知道要在上面刻写占卜结果的，不信吗，我们可以等着瞧。

神的獠牙

金沙人搜集野兽的尖利獠牙，在祭祀区出土的獠牙不可胜计。在祭祀区的一隅发现成堆的野猪獠牙和鹿角，估计这些獠牙和鹿角来自至少1500头野猪和1000头鹿。

金沙祭祀区的兽骨堆积，
其中有大量动物獠牙

长有獠牙的兽类，凶狠威猛之态让人畏惧。哪怕只是一只长有獠牙的野猪，它要是发起威来，也是势不可挡的。这样的獠牙有时被刻画在神灵的头像上，这样的神就有了一幅威风凛凛的模样，人们看见了会心生敬畏，会虔诚崇拜。

金沙人的木雕神面，也绘有尖锐的獠牙。在三星堆出土的一些青铜神像上，也见到龇出的獠牙。

古蜀人心中的神们为何都长有獠牙呢?

獠牙神面其实并非是古蜀人独有，也不是他们的首创。獠牙神面在古中国出现很早，可以早到距今7000多年以前。

在史前艺术中，有一些半人半兽的艺术形象，不论是彩陶上或是刻画纹样上，这样的形象都被我们认作是神面，是神灵人格化的偶像。这样的神面，表现出特别的恐怖感，你觉得它像人，但并非是人。神面的狰狞模样，在史前艺术的表现上大约是一个通例。圆瞪的大眼，龇出的獠牙，恐怖之态令人惶惑。这样的神面，是史前人制作的神灵的简化图形，它并不只是表示一个头面，而是以头以面代表神灵的本体，头面是神灵完形的一

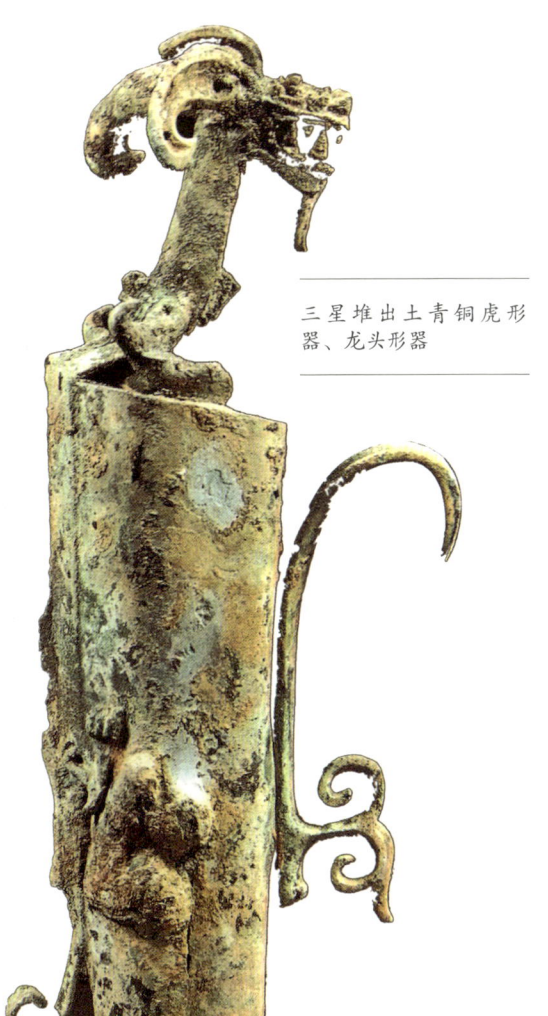

三星堆出土青铜虎形器、龙头形器

良渚文化玉雕神面，它
的嘴角也有长长的獠牙

个象征，是一个简约的造型。

　　研究者比较关注的有像良渚文化玉器上雕刻的那些神面，神面装
饰在一些玉牌、玉钺和玉琮等礼器上，神面刻有向上与向下龇出的獠
牙，显出庄重与威严之感。

　　当然更早的发现，是湖南黔阳高庙陶器上刻画的神面，那神面
的构图已是非常完整，也已经是很固定的形态，也都显露着龇出的獠
牙，狰狞之态跃然眼前。发掘者将这个遗址早期遗存命名为"高庙下
层文化"，年代早到距今7000多年前，这是中国史前陶器上见到的年
代最早的神面刻画。

　　高庙文化陶器上见到刻画的凤鸟和兽面纹，兽面纹有的有一对
獠牙，有的为上下两对獠牙，有的还带有翅膀。有些兽面纹的獠牙之
间，还戳印着侧面的人形，有人认为是神兽食人的主题。其实这是表
现的一方神灵，是凌驾于人之上的、威风的神灵。

狰狞的神面，也偶尔出现在彩陶上。半坡文化的彩陶上见过这样的神面，不过以往研究者似乎不大在意这个发现。在临潼姜寨遗址的一件陶瓶上，绘一戴着尖顶帽的神面，一双圆圆的大眼，宽大的嘴角向上龇出一对大獠牙。神面的左右，还绘有一对倒立的大鱼。不用太仔细地观察，我们就能作出一个明确的判断，半坡文化彩陶上的神面纹，与高庙下层文化以及良渚与龙山文化中的神面纹，并没有什么明显的不同，偌大的獠牙是共同的特征。

虽然是在7000年前，有的神面也已经相当简化，简化到只留下一张龇着獠牙的嘴，这与后来的良渚文化显得不同，良渚人简化的神眼已经没有了狰狞的模样，而高庙人简化的神面因为獠牙尚存，依然还显现着狞厉的神态。

商周时代青铜器上的兽面纹，也就是通常所说的饕餮纹，也大多是相同的长有獠牙的样子，威严狰狞，是史前神面的摹写。

半坡文化彩陶神面，它的嘴角绘有长长的獠牙

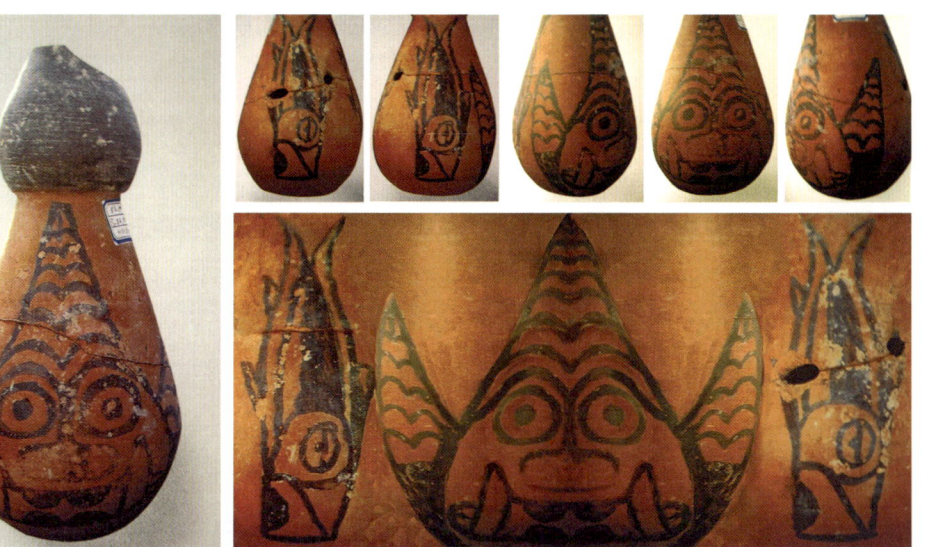

从这些发现看来，古蜀人的神面可能并不是他们自己的创造，而是由外部文化中借用过来的。

金沙象牙的出土数量

金沙遗址发掘到许多象牙，而且大都保存较好，这着实让人觉得有些意外。

金沙发现的象牙有的是零星出土，有的是层层堆积，有时见到堆积八层的象牙。有的象牙被截成小段，很多都是整根的象牙，最长的约有1.6米。以往古代象牙与象牙制品在国内外考古中也有出土，但是罕见完整的象牙，更没有见到成堆的完整的象牙。

先前在三星堆考古中就发现过象牙，而且数量不少，共计有80多根。这个发现在当时就让人非常诧异，不知道这么多的象牙来自哪里，古蜀人要它们有什么用处，又为什么将它与大量铜器和玉器埋藏在一起。有的学者看到与象牙同时出土的大青铜立人雕像那握成环形的左右手，推测很可能握的就是象牙，更加引起人们对出土象牙的关注。

三星堆一、二号坑出土80根象牙，这个数字已经不少了。可是金沙出土的象牙呢，却是远远超出了这个数字，超过了

三星堆大立人青铜雕像，他抬起的双手，真的是捧着一根象牙吗？那还真得要点力气，一根大象牙可是不轻

金沙出土象牙，这么多的象牙堆
成这样的一大堆，真是壮观

金沙出土的象牙，也有的象牙单
独埋藏

1000根！1000根象牙是什么概念，是500头大象的贡献！

这可是绝无仅有的发现，被视为古蜀文明的一大奇观，也是一道别样的风景。

三星堆见到的象牙集中出土于两个祭祀坑，一号祭祀坑内出土13根，二号祭祀坑出土60余根，象牙纵横交错地摆放在坑内上层。

金沙出土象牙有的集中码放埋藏，有的散落周围，也都是在祭祀区发现的。

古蜀人为什么对象牙如此感兴趣，他们又是如何得到如此多成年大象的象牙呢？他们拿这些象牙派什么用场呢？

金沙象牙的来源

看到金沙成堆的象牙，我们会生出很多疑问，一个重大的疑问是：三千年前这么多的象牙是从哪里来的呢？

金沙象牙的来源，研究者有两个推测：一说来自西亚中亚，是古蜀由贸易得来；一说来自当时生活在成都附近的象群，是古蜀人狩猎所得。

成都附近那会儿真是大象出没的地方吗？

金沙和三星堆出土的象牙，鉴定为亚洲象。我们知道现代象有亚洲象与非洲象两种，而亚洲象只有雄象有一对长象牙，非洲象是雌雄都有长牙。相比而言，亚洲象的象牙更显珍贵。现代亚洲象主要分布在南亚和东南亚地区，中国只在西双版纳一带还有野象生存。

根据《山海经·海内南经》的说法，成都附近以前有象，说是岷江的水从岷山流出，那里有犀牛，有大象。《山海经·中山经》还说巴国有一种大蛇，可以吞下一头大象，所谓"巴蛇食象"也。《楚辞·天问》中"有蛇吞象，厥大何如"的发问，显然也说的是巴蛇食象的事。

蜀地人常璩所作《华阳国志》也说，古蜀国物产丰富，宝物有美玉、犀牛和大象。与蜀近邻的楚国也有象，《左传》定公四年、僖公十三年提到楚地有象。

大象，在四川地区早已没有了它的身影

有学者说到"想象"这个词的来由，好像与大象的迁徙有关。殷商时期河南一带气候温暖，适合象群的生存，后来随着气候变冷，象群逐渐向南方迁徙。古人为象群的远去而生出想念之意，于是造出了"想象"这个词。

如此看来，三星堆与金沙遗址出土的象牙，有可能是古蜀人在自己的祖居地狩猎得来的。

也有一些学者认为这些象牙是舶来品。古蜀国与西亚、中亚地区的古国有贸易往来，远国的商队带来了象牙和海贝等，换回了古蜀国的蜀锦和蜀布等。他们不相信《华阳国志·蜀志》说岷山有犀、象，因为他们认为岷山为高山峡谷的干寒地区，并不适应大象生存。三星堆和金沙的大批象齿不是原产于当地。

金沙和三星堆发现的古蜀国的大量象牙，究竟是本土所产还是由外域引进，我们现在依然没有准确的结论。

出土象牙的保护

金沙遗址发掘出的象牙数以吨计，经过近3000年地下埋藏的古象牙，质地已经十分脆弱，出土后如不采取保护措施，很快就会风化成粉末。

为着保护好这些古象牙，有关专家进行了紧张的实验研究，研制开发出一种新型的有机硅保护材料，通过灌封工艺，将古象牙及古象牙器封存起来。这种有机硅材料完全透明，不透气、不透水，对温度也不敏感，耐紫外老化。还具有良好的可逆性，可以完全从古象牙表面剥离，不会出现粘连和渗透现象。这样既保护好了象牙，又便于展示陈列，效果比较理想。

我们在金沙博物馆看到的出土古象牙，就是采用这样的方法保护的，看到这些完好无损的大型象牙，能感觉到雄壮象只曾经书写过古蜀历史的重要一章。

发掘者觉得保护象牙可能还会有更好的方法，所以现在金沙还有大量象牙没有从地下取出来，他们对保护效果还是有些担心。人们在等待更加成熟技术的出现，那时将有更多出土象牙得到妥善保护。

三星堆出土的刻纹玉璋，有埋藏玉璋和象牙祭仪的示意画面

古蜀人占有大量象牙的用途

三星堆出土过一尊高2米多的青铜大立人雕像，雕像双手抬起作握物状。遗憾的是，雕像手中空空，原来所执何物，我们已经无从知晓。有人推测青铜大立人手执的是玉琮，也有人说是象牙。如果是象牙，有人进一步推测只有蜀王才有权力执整支象牙进行祭祀。

这么多的象牙，许多学者都认为是一种祭祀用品，象牙真的是祭品吗？

为着印证这个推测，人们列举三星堆二号祭祀坑出土一件玉璋上的图案，图案中的两座山形外侧，各插立着一件粗大的弯形尖状物，有人认定那就是象牙，说明象牙在当时可能是祭祀山川的礼器。当然也有人说图像描绘的并不是象牙，而是玉璋。金沙一件玉璋上的图案也值得注意，上面刻画着两个跪坐的扛物人，所扛之物一端尖一端粗的样子，似乎就是象牙。这扛象牙的人应当是出现在某种仪礼场面上的样子，也许又是一个古蜀人用象牙祭祀的写照。

这样看来，我们似乎可以相信，金沙与三星堆的大量象牙都是祭典过后埋藏的祭品，是献给神们的礼物之一。至于一次祭典要用多少象牙，1000多根象牙又是多

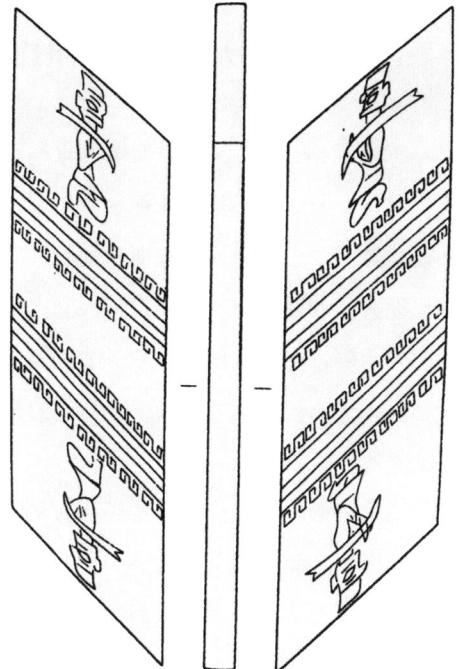

金沙出土的刻纹玉璋，有
用象牙跪祭的示意画面

少次祭典积攒起来的，那就不得而知了。

象牙用作随葬，用作牺牲，当然也不是古蜀人的专利。处在长江三峡中的巫山大溪文化墓葬中，就见到用作随葬的象牙，一个死者的头部枕着一根大象牙，这是6000年前的例证。在安阳殷墟先后发现过两座象坑，一座坑内埋有一头幼象与一个象奴，另一座坑内埋有一头幼象和一只猪。用象作牺牲，在商王朝并不普遍，也是一种非常之举。

古蜀人用象牙作祭器，他们也用象牙制作饰品。三星堆二号坑就出土象牙珠120颗和象牙器残片4件，象牙器残片上雕刻着兽面纹和云雷纹等。金沙出土有饼形象牙片，可能是加工饰品的半成品。

当然也有人不大同意古蜀用象牙祭祀的说法，认为古蜀国曾有象军建制，那些整齐堆放深埋于地下的象牙，是在象阵大战中牺牲的象军遗骸。

我们知道殷商时代有象军，《吕氏春秋·古乐篇》中有"商人服象，为虐于东夷"的记述，说商人驾驭大象作战。

因为殷商有象军，人们推测古蜀也应当有象军，说不准他们还是从古蜀引进的象军呢。因为古蜀有象军，金沙出土大量象牙，很可能是大战牺牲的大象的遗骸。这个推测很有意思，当然只是推测，我们还需要寻找更多的证据。

古蜀国真的有"象军"吗？

因为在金沙和三星堆出土了许多大象牙，这引起了一些人的猜测，有人提出一种推论，认定古蜀国应当建立过象军队伍。

古蜀国真的有"象军"吗？

据文献记述，在长江中游的荆楚地区，似乎出现过象军作战的战例。《左传·定公四年》说，"鍼尹固与王同舟，王使执燧象以奔吴师。"一些研究者认为，这是中国古史上记录的象战实例之一。

这里所说的"燧象"，也许是当年一个特有的词，现代人并不容易理解。杜预注说："烧火燧系象尾，使赴吴师，惊却之。"是说楚昭王与吴王阖庐对阵失利，为着逃避吴军追击，昭王让鍼尹固用火炬系在象尾，这便是"燧象"，受惊吓的大象狂奔进追兵大队中，阻止了吴军的追击，昭王因象军而脱险。从这个故事里，学者们认定楚国驯养有战象，应当有象军建制。唐代孔绍安有诗《结客少年场行》，有诗句说到此事："吴师惊燧象，燕将警奔牛。"象也好，牛也罢，都是在尾巴上系火而受惊才去陷阵的，相似的历史战例，很让人回味。

传说古蜀王开明氏来自荆楚，楚既然有象军，有人认为他应当有用象军作战的经验，很可能在古蜀组建过象军。甚至还有人这样猜测，是首领鳖灵带领象军打败了杜宇，取得了古蜀国的王位，建立了开明王朝。

也许古蜀人有没有过象军还真的不好说，不过在世界战争史上，倒确曾是有过象军作战实例的。训练有素的象只，战时能冲锋陷阵，有很大的杀伤力。大象虽不如战马灵活，但它却是有生命的"坦克"。

古蜀人是否建立过这样的"坦克"部队，仅依现有的发现看，我们还不能得出准确的结论来。不过那些成堆的象牙，却是很能让人作出如此想象的，古蜀人的象军也许真的有一定的规模，也许真的就在古蜀大地往来驰骋过。

最古老的象军

在公元前4世纪，战象开始在南亚驰骋疆场。马其顿王亚历山大远征印度时，印度波鲁斯就曾率领象军出击。当时象背上还没有象舆，是由两个战士骑着作战。亚历山大为纪念这次战事，在发行的铸币和奖章上，铸有骑着战马的亚历山大和乘坐战象的波鲁斯对阵图像。

印度孔雀王朝的陆上部队有车兵也有象军，阿育王征集步兵60万、骑兵3万和战象9000头，完成了基本统一印度次大陆的作战。

希腊人在远征印度中学会了使用战象，皮洛斯在意大利战场上使用过战象同罗马人作战。皮洛斯是亚历山大的远亲，他的大军中有20头战象，作战时每头象除有一个象奴驾驭外，象背上还有几个手持长矛的士兵。

古印度的象军，在中国的史籍中也有记载。《史记·大宛列传》说，"身毒……其人民乘象以战"。《后汉书·西域传》也说，"天竺国，一名身毒，……

遥想象阵当年

其国临大水，乘象以战"。南亚和东南亚国家因大象资源丰富，所以不少国家训练有战象，军队中有象军。战象背上设象舆，军士坐舆中，大象前后有驭象手，两旁有刀盾手护卫。最著名的一次象战发生在1584年，暹罗王纳黎萱率领数百头战象队伍对缅甸王国开战，结束了暹罗对缅甸的依附关系。

这些象军的历史，没有楚国的古老，更没有殷商的古老。《吕氏春秋·古乐篇》中有"商人服象，为虐于东夷，周公遂以师逐之，至于江南"的记述。通常认为这里说的"服象"，就是驾驭大象作战。殷墟出土甲骨文中屡见"获象""来象"之文，大象对于殷人并非稀见之物。

大象在殷商是仅次于马匹的重要畜力，甲骨文记商人用大象载物，还用大象耕田，还有雄象组成的象阵。用于作战的象只披挂着犀牛皮、牛皮和硬木护甲，象军是最精锐的部队。商王武丁曾经出动数万大军远征羌人，大军中就有象军。商纣王远征东夷时的联军中，也有冲锋陷阵的象军。商王朝的象军，有可能是历史上最古老的象军。

我们从哪里来，先祖生活在哪里？

科学家通过DNA分析，为现代人类的"非洲起源说"提供了证据。他们描述有一小群人从非洲大陆走出，到新的地域繁衍后代，后来这群早期人类的一个分支与母体脱离，又向其他地方迁移。

就这样人类祖先从非洲移居到了中东地区、印度、亚洲和澳大利亚。

科学家要我们相信，"我们都来自非洲的同一个祖先，仅仅是随着时间的流逝而被分离开来"。

往古来今总是缘，也许人类的血脉都是相通的，找来找去，我们的目光真的会集中到一个老祖母身上？

迁徙，融合，尽管是故土难离，先祖们却仍然不得不背井离乡。

融合，变易，虽然是肤色殊异，我们的先祖真个是非洲土著那般模样？

人

往古来今总是缘

金沙青铜人雕像

金沙与三星堆不同，虽然见到许多金玉文物，却没有出土那么多大型的青铜雕像，甚至于一般的青铜器发现的也很少。

不过金沙也还是出土了一些小型的青铜雕像，其中有一件青铜立人像备受关注。这件立人像不过只有19.6厘米，但看上去却与三星堆出土青铜大立人有几分相似，双手都是抬举胸前空握成环状，神情也都非常庄重。不过这一小一大之间，差距超过了1∶10还多，给观者带来的感觉还是有明显的不同。

金沙的青铜立人形体虽然较小，同大立人像一样，脑后也垂着长长辫子，不过两尊人像的冠服却有明显区别。金沙青铜立人的服饰为单层中长服，腰间系带，斜插一物，手腕间戴有腕饰。小立人像没有大立人像那样的兽面冠，却有更新奇的前所未见的另类冠式，头戴的是一种涡形冠。

这小青铜立人像有着什么样的身份？是人还是神，是什么人是什么神？

有人认为小立人像是执掌宗教权力或政治权力的上层贵族，也有可能是巫师、蜀王或大巫师兼蜀王的角色。这一说确定雕像是人，而并非是神。不过又有人从三星堆青铜大立人像比金沙小立人像更加高大威猛，更具有宏伟壮观的气势，而推测大立人像应该是蜀王和群巫之长的象征，小立人像则是古蜀部落首领和巫师的形象。这个说法能否成立，我们暂且不去管它。

金沙小立人铜像与三星堆大立人铜像，两者的体量气势明显不同，都有一些特别之处

金沙小立人像更让人关注的是它的冠帽样式，冠帽上的13道旋转状冠饰，造型奇诡神秘。有人说它好似太阳闪烁的光芒，与太阳神鸟金箔饰内层的旋涡图案有异曲同工之妙，可能有相同的象征意义，都应当是象征着太阳的光芒。从这个角度切入，又有人认为小立人像是神，是太阳神的雕像。

也有人说，旋形12和13道表示的很可能是月相之意。如果都是象征月相，那新的问题又来了，金箔是12芒，而小立人像是13芒，怎么解释？答案好像是现成的，金箔表示的是一般年份的12个月，小立人像的弧形冠饰表示的是闰年的13个月，据此又认定金沙古蜀人使用了比较完备的阴阳历。

双手摆出同样的姿势，身上都穿着同样的长衣，脑后也都梳着同样的辫子，金沙的小立人铜像和三星堆的大立人铜像究竟是人还是神，两者能不能画等号，我们现在还不能说有了最终的答案。

三星堆青铜立人雕像是王者之像吗？

三星堆大青铜立人像高1.72米，连台座通高达2.61米，全重180公斤有余。如此巨大的青铜立人像，在中国商周时代出土器物中闻所未闻。

面对着这尊巍然的青铜立人像，不论是学者还是观众，都会急于想知道它的身份，它会是谁的雕像呢？

有人认为在小国寡民时代，古代君王具有多重身份，既是号令平民众生的一国之君，又是统领大小巫师的群巫之长，这尊立人像代表的可能是政权与教权合一的领袖，也即是蜀王兼群巫之长的形象。在有的学者眼中，立人穿着礼服，手奉祭物，正在主持一次隆重的祭典。

也有学者认为立人像并非是古蜀人现实生活中的王者，而是宗庙内祭祀先王及上帝特设的偶像，他能沟通天地、传达神

三星堆大立人铜像，是王者或是巫师，还是兼有两种身份？

谕。如果他是神，又是什么神呢？立人像的双手大得出奇，与身体不成比例，当时工匠为什么这样夸大铜人的双手？有人推测立人双手原持一大琮，三代礼天用璧、祭地用琮，手持大琮当为祭地之神。

还有人以为立人手中紧握的可能是象牙，象牙应当是献祭所用贡品，是神灵喜爱的物件。

立人的四龙外衣，古称作"衮衣"。身着华彩衮龙袍服，立人地位一定显赫非凡。《说文》云："衮，天子享先王。"且言衮衣上的卷龙绣于下裳，龙形蟠曲向上。《周礼·司服》也说，"王之吉服，享先王则衮冕。"注家衮衣就是卷龙衣，《诗·豳风·九罭》有句曰"我觏之子，衮衣绣裳"。如此看来，立人衣冠正是绣有卷龙之吉服，是为衮衣绣裳。古礼王者衮衣之龙首向上，而公侯绣龙的龙首则向下，立人衮衣上的四龙之形龙首向上，应为王者之服。进而言之，衮衣吉服为王者之服，立人像自然为王者之像，此像当为蜀王之像无疑。由此也可以看到，三代礼制文化对远方的蜀文化也曾产生过很大影响。

特别引人注目的是，立人像的周身布满了眼形装饰，除了双眼兽面冠，下裳前后都有成组兽面装饰，均以环眼作主要构图。在衮衣前后都有直行排列的眼目纹和成组横排的简化兽面纹，眼睛纹样成了立人外衣的主要装饰。布满眼目装饰的立人像，简直可以看成某种眼目的化身，这立人像是古蜀人崇拜眼睛的最好体现。

在中国考古史上，三星堆是个奇迹。在三星堆发现史上，青铜高台立人是个奇迹。我们也许永远都不能真正理解这个奇迹的意义，不能完全开解这个谜的谜底，但当我们站在它的面前时，我们会感受到从遥远的古蜀国传导来的自强与自信，这已经足够了。

跪地石雕像是什么人的雕像？

金沙出土十多尊石雕人像，人像怪异的姿势与特别的装扮，让人一看见便会生出这样的疑问：这是古蜀时代的什么人呢？

石雕人像的造型都是背手跪坐的姿势，石人颧骨凸显，闭唇瞪眼，耳垂穿孔。头顶是分头发式，有的脑后垂着整齐的长辫。赤裸赤足，双膝并拢跪地，坐臀于脚跟上。双手交叉在后背，腕部用绳索绑缚。

金沙石雕人像，他是什么身份，是战俘还是奴隶？

石雕人像全都出土自遗址祭祀场所之内，与石蛇、石虎和石璧等物件放置在一起。根据这样的线索，研究者认为这些石人像是古蜀国用作祭祀的牺牲。

金沙出土的石虎，虽然是卧虎，大张的嘴还是显出了威风之态

由石人被绑缚的姿势和人脸惶恐的神情，说它是祭祀用牺牲的象征，似乎并无不妥。但这样的石人究竟是些什么人呢，是古蜀下层社会的奴隶，还是外族的俘虏？看来当年的石工表现的对象，我们要明晰他们的身份还真不那么容易。

成都一带在以往也发现过商周石人雕像，如三星堆就曾出土两件石人像，雕像的跪姿以及双手反缚的样子，与金沙所见并无二致。成都市内方池街也发现一件石雕人像，也是赤身跪坐，双手反缚，头发中分，神情严肃。这些相似的发现，揭示了古蜀时代一种特有的文化传统，即以石人作牺牲献祭，也许古蜀人认为这样的献祭非常虔诚。

在金沙与这些石人同出的还有石虎，有的研究者曾由同出的石虎分析，对石人的身份作出了另外的判断。

金沙出土石虎与石人一样，都是采用圆雕方法雕刻，石虎伏卧于地，虎口大张，眼耳涂朱。因为这石虎与石人出土时所处的位置确实很近，所以有的研究者觉得二者之间应当存在一种特别的关系。有人

石人与石虎，石人可以骑
在虎背上吗？

就认为石人原本是骑在虎身上的，骑虎的应当是传说中的伏虎之神。

为了说明这个推断的可靠性，研究者还列举了三星堆见到的青铜跪坐雕像与神兽雕像，认为铜人也具有神性，原本也应当是骑在神兽上的。而且在良渚文化玉器上见到的神徽，恰好也是神人骑兽的样子。

这样看来，金沙所见的石人与石虎，可能真是一对组合石雕，表现的似乎真是神人骑虎。不过也还有一个疑点，那石人其实是被绑缚着的，如果真是一方神灵，又怎么会受到这样的虐待呢？

眼睛崇拜

金沙和三星堆都出土一些眼睛状的青铜饰件，它们可能是从某些人或神的面具上脱落下来的，也有可能就是独立存在的被崇拜的对象。

古蜀人为什么要崇拜眼睛呢？

从三星堆出土青铜造像的衣服上（包括袍服、下裳），可以看到铸有成对的眼睛图形，眼睛造型一而再、再而三地出现，这是一种非常特别的事象。如青铜神坛中部铸出的操蛇四力士像，它们双腿的外侧都有对称的眼形图案；在另一座青铜神坛顶端有一尊跪坐的人像，残存的双腿外侧也见到一双眼形图案，还有另一件小青铜人像的双腿外侧，同样也见到类似的眼形图案。这些青铜人像的双腿外侧都有相似的眼形图案装饰，它们的装束是如此的一致，理应具有同样特别的意义。

三星堆青铜人首人面各类眼形自有独特之处，更值得关注的是大量单体眼和装饰眼的存在。它们原来可能是人面或兽面上的附件，由此更清楚地体现出古蜀人对眼睛图形的热情，表明眼形对他

金沙青铜眼睛形器，有的还用颜色勾绘出眼形轮廓

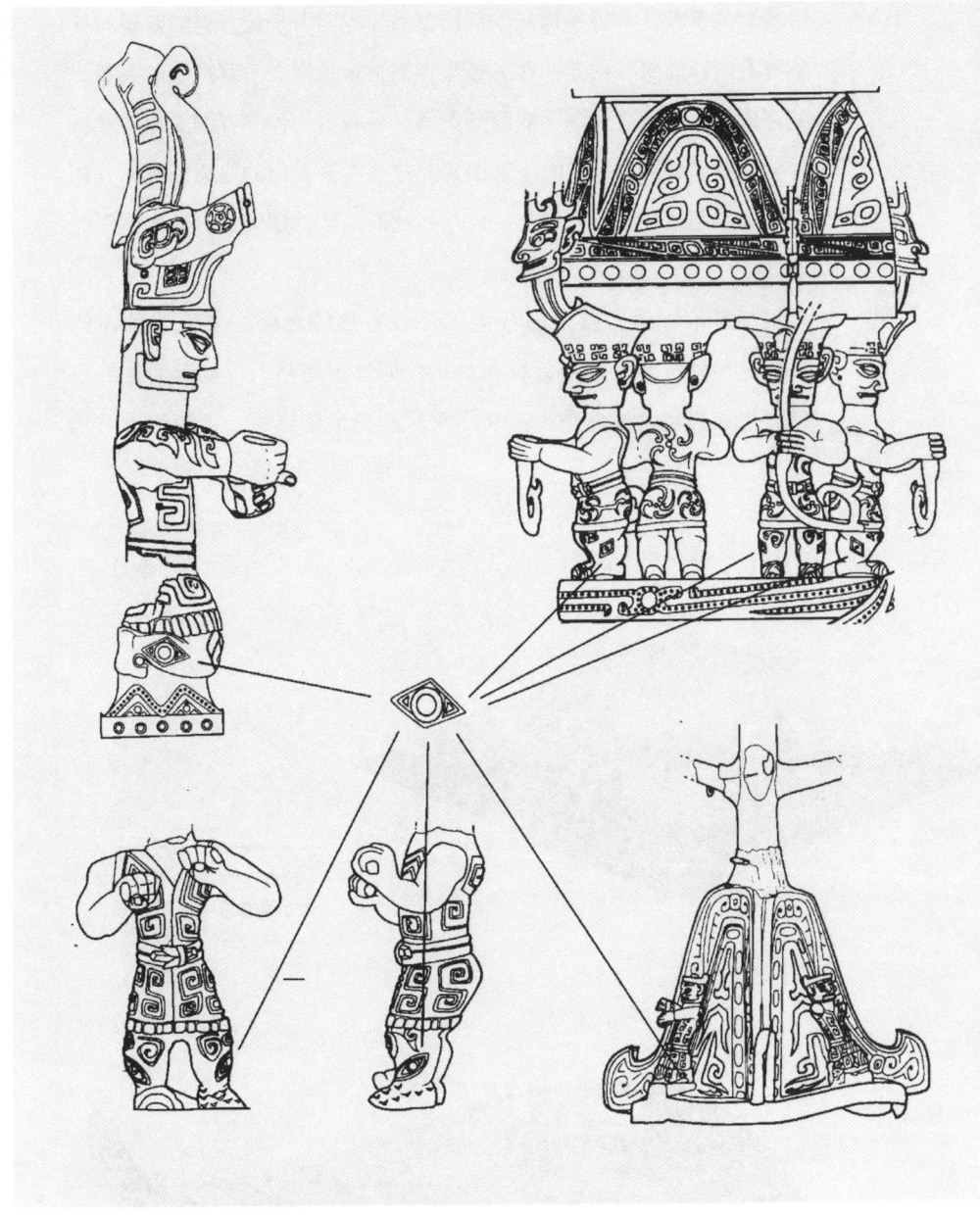

三星堆身着眼睛标志服装的青铜雕像，遍体都有眼睛图形，是很特别的装饰

们是非常重要的一个象征，眼睛崇拜在古代蜀人的精神世界中是一个核心所在。

细看三星堆青铜大立人像，在它的周身也布满了眼形装饰，除了头上的双眼兽面冠，长袍下摆前后都有成组兽面装饰，均以环眼作主要构图。在半臂罩衣前后都有直行排列的眼目纹和成组横排的简化兽面纹，眼睛纹样成了立人外衣的主要装饰。立人四龙八眼，立座上龙眼形状与冠上眼形相同，均为两角尖而不曲的造型。布满眼目装饰的青铜立人，简直可以看成某种眼目的化身。我们还特别注意到大立人像冠上兽面的眉心有一圆形装饰，原发掘者认作是日晕，此说可从，是太阳的象征。

如此看来，立人冠的冠式当反映有太阳崇拜的古风。这高大的立人像，也许就是古蜀人心中太阳的化身。

眼睛崇拜其实可能是太阳崇拜的一种表现形式，眼睛就是太阳的标志。或者可以说，青铜神坛上的驭手、力士和巫师，他们都身着缀有太阳标志的特服，这是对太阳的一种礼敬。

驮着神坛的神兽一定是天上之兽，神坛上的巫师也扮成神兽的模样，也许是表示借助神兽之力升到了天上。他的冠式完全仿照神兽的头形，大眼、长耳、卷角、筒形嘴完全相同，连嘴边的太阳图形也是一模一样。这神兽在研究者看来是传说中的蜚廉，或说是与西方神话中的格里芬有关，总之都有通天的本领，它们原本就是神的使者。

古蜀人崇拜眼睛只是一个表象，人们崇拜的并不是单纯的眼睛，而是眼睛代表的另外的客体，这个客体就是太阳。

蜀国历史有四万八千岁吗？

在长安与皇上打过交道的诗人李白，在离成都不远的故乡生活过，从川中入长安的蜀道行旅艰难，这一点李白当有切身感受，所以他的一曲《蜀道难》，将一个"难"字写得十分撼人：

噫吁嚱，危乎高哉！

蜀道之难，难于上青天！

蚕丛及鱼凫，开国何茫然！

尔来四万八千岁，不与秦塞通人烟……

哎呀呀，山多么高多么险啊，蜀道难行比登青天还难！蚕丛和鱼凫两位古蜀王，他们在何时建国已经不大明白了。古蜀最早的历史也该有四万八千年，那时还不曾和秦地的人们互相来往。

将"蚕丛"和"鱼凫"所建的古蜀国，说是有了"四万八千岁"，应当是诗人夸张的词句。蜀国到底有多少年的历史呢，李白自然没有说明白。

公元前316年秦灭巴蜀，这是古蜀国年代的下限。古蜀何时建国，以西汉扬雄所著《蜀王本纪》所载蜀王世系，有蚕丛、柏灌、鱼凫、蒲泽和开明五个王朝。如果这是实指的五位蜀王，以每位在位六十年计，一共不过三个世纪的时光。显然，这不会是蜀国存在的真实年代。《蜀王本纪》说杜宇从天而降，"自立为蜀王，号曰望帝"。又说"望帝积百余岁。"如果按五王也都在位百年计，也不过五六个世纪。

《蜀王本纪》也提到了古蜀的纪年，《文选·蜀都赋》刘渊林注引扬雄《蜀王本纪》说"从开明上到蚕丛，积三万四千岁"，而《太平御览》引文是"从开明已上至蚕丛，凡四千岁"。将蜀史定为4000年长短，较之李白的"四万八千岁"之说固然实际了许多，不过也还是显得过长了一些。

也有人推测，这五代蜀王也许并不是前后相继，他们是五个王朝的代表，中间应当还有更多的王位继承者。这五王或许是因为留下的事迹比较重要，所以后人的记忆也会深刻一些。

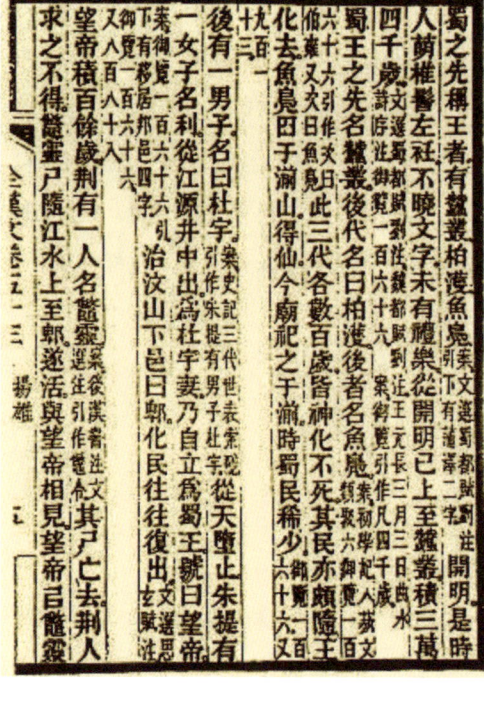

也有人援引四川省境内新石器时代考古发现作为依据，如嘉陵江东岸广元市中子铺遗址最早，公布的碳14测年数据早到6000多年前，说明公元前44世纪古蜀先民确已在蜀地活动，这一遗址的年代与《蜀王本纪》所述的蚕丛时代正相吻合，由此可证扬雄说的"凡四千岁"并非信口开河。

不过这里说混了一个概念，蜀地很早就有人烟，并不能说有人活动就已经立国。倒是成都平原发现的若干座4500年前的古城遗址更值得注意，它们或许是蜀地诸部落建立的小国城邑。古蜀王国应当是在这样的基础上建立起来的大型部落联盟，三星堆和金沙就是这样的联盟都邑所在地。

再来计算一下古蜀的历史长度。公元前3世纪初，蜀为秦所灭。如果以4000多年前作为古蜀立国的起点，古蜀的历史应当没有超出2000

年的时光，也许1800年左右比较接近真实。三星堆和金沙作为古蜀前后相继的都城所在，所处的历史时段在距今3600～2600年，也即是说，大抵相当于古蜀的盛年，是最为辉煌的年代。

再多说一句，还可以这样来记忆：三星堆和金沙之前，古蜀立国经过了四五百年的发展；三星堆和金沙都邑存在的时间，约为1000年；三星堆和金沙之后，古蜀还有约三四百年的历史。这样一来，我们就可以将李白的话改为"尔来一千八百岁"了。

寻找古蜀人的文字

汉代人扬雄说古蜀国没有文字，甚至不知礼乐。

在金沙出土文物上，我们没有见到文字类的刻画。同样在三星堆的文物上，也没有发现文字证据。要知道在中原地区的这个时候，不仅有甲骨文，还有大量铸造在青铜器上的铭文。古蜀人是没有自己的文字呢，还是不乐意将文字刻画书写在器具上呢？

我们知道，商代晚期至西周时期已有成熟的文字，殷墟甲骨文和金文是最好的证明。但在殷墟甲骨文没有被发现之前，人们并不知道商代有系统文字。在殷墟出土的龟甲、兽骨上发现商王室记录了大量的与占卜有关的文字，这个时候人们才恍然大悟，原来商代不仅有文字，而且有相当成熟的文字。

金沙遗址也发现了占卜用过的龟甲，但上面却并没有发现任何文字痕迹。不过这并不代表古蜀国没有文字存在，我们现在发掘的仅是金沙遗址的一角，还有更多遗存有待进一步发掘，到那时说不定就会见到文字资料。再说古蜀文字并不一定刻在卜甲上，它很有可能在其他可以书写刻字的材质上，这样的材质又很难保存到今天，要有所发现是很困难的事情。没有发现并不代表没有，将来的情形还不好说，现在还不能下定论。发掘时再细心一些，也许会在树叶、树木和布帛上发现文字证据，中原地区现在看到的文字载体都是卜甲和铜器，但不能认为只有甲骨与铜器上才会有文字，只是其他材质上的文字还没有发现而已。

有学者认为，按照文献的说法，古蜀确实没有文字记载。不过汉代文献又说一个名叫尸子的人曾在蜀国著书立说，尸子在秦国曾与商鞅一起变法，秦惠王继位后，公子虔等人诬告商鞅谋反，商鞅遭车裂之刑。尸子秘密逃入蜀地，在川蜀终老一生。尸子在蜀著书，"凡六万余言"，名为《尸子》。尸子跑到一个没有文字传承的地方去著书，他也一定将这文字传播到了那里。

有一些学者认定古蜀可能有文字，他们由战国前后那里流传的一种"巴蜀符号"，论定它们具有文字意义。当然也有学者认为这种符号究竟是不是文字，目前还没有定论。

"巴蜀符号"与古蜀文字

虽然在金沙并没有发现铸有巴蜀符号的典型器物，不过对于所谓的"巴蜀符号"有没有文字特征，是不是古蜀国的文字，倒还是有必要作些思考。

学者们所谓的"巴蜀符号"，是指铸刻在古代巴蜀兵器、乐器和印玺等铜器上的符号，时代属战国至西汉初期，明显晚于金沙和三星堆。这类符号或单独出现，或组合排列，这样的器物有数以千计的发现。

还是在20世纪20年代初，成都北郊的白马寺坛君庙一带出土了古铜器近千件，许多铜器上铸刻有各类符号。这些铜器在发现时被哄抢一空，后来有的流传到收藏家手中，藏家为铜器上的神秘符号所吸引，认为铜器当是夏代中原文物，那些符号可能是想象中夏代的文字。

这个发现过了20年之后，这些铜器资料才开始得到收集并公之于

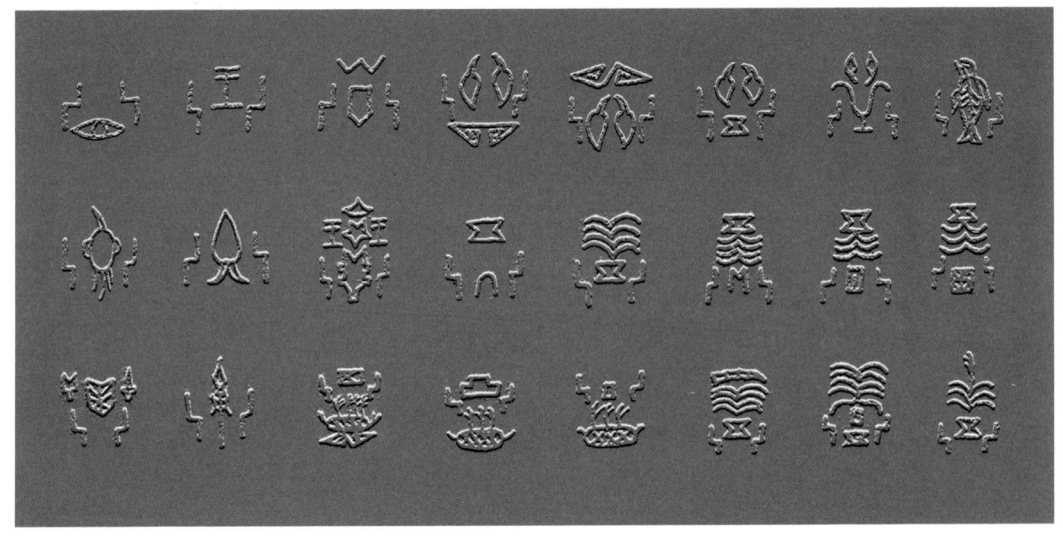

巴蜀兵器上常常可见到铸上的一些符号，对于它们是不是文字，研究者有很大分歧

世，而且明确定性为春秋战国时期的巴蜀文物。又过了半个多世纪以后，由于更多新资料的问世，这些符号才受到比较广泛的关注，它才开始有了"巴蜀符号"的名称。

常见的巴蜀符号有虎纹、手心纹，也有不少几何形符号。因为有些符号具有明显的图画性质，具有图解寓意的特征，又被一些研究者称为"巴蜀图语"，也有的直接认作巴蜀图形文字。这些符号既不同于甲骨文，也不同于金文，在不能确认它是文字之前，暂称为巴蜀符号也还是可以的。

古文字学家很重视这些发现，将巴蜀文字分为甲、乙两类，认为都是文字。也有学者认为这些图符是一种拼音文字，也有人说是古代巴蜀的象形文字。更有学者说，巴蜀文字不但有两类，而且两类文字均可在商代找到其起源的痕迹，巴蜀文字最初起源于蜀，后来传播川

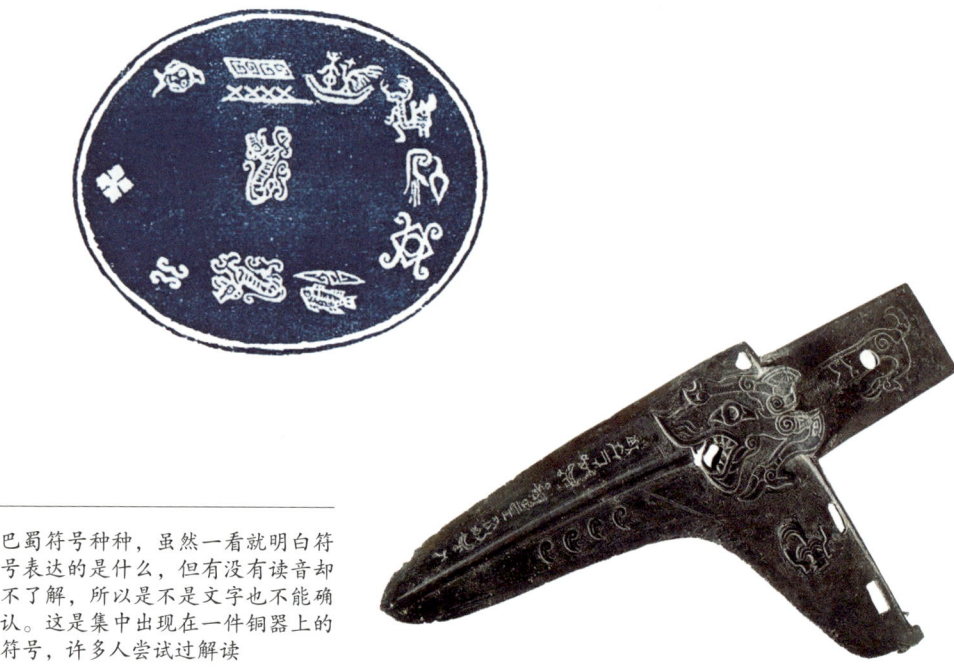

巴蜀符号种种，虽然一看就明白符号表达的是什么，但有没有读音却不了解，所以是不是文字也不能确认。这是集中出现在一件铜器上的符号，许多人尝试过解读

东，成为巴蜀地区通行的文字。有学者还宣称读出了其中的"成都"二字，又有人说从中看到了孔子"仁"的思想。

当然考古学家的态度可能要谨慎一些，他们认为巴蜀符号不大可能是文字，而是一种图画语意符号。我自己也曾对此作过研究，认为符号的构形非常规范，符号组合也有规律，它应当是巴蜀时代的部族徽识，是区别彼此的图标。

首先有一点是要肯定的，就是这样的符号中相当多的元素都已完成定型化，应当有固定的意义。不同符号组合起来，也一定具有明确的含义，所以将它看作是巴蜀文字体系也未为过。

有研究者为巴蜀符号的研究写下这样一段话，我觉得很好，我，还有读者们应当与他有着同样的期待：

毫无疑问，巴蜀符号是一个巨大的谜团，但是这个谜团本身有可能是一个窗口，在中华民族史中有着举足轻重的地位，每一个单薄的图符背后，都可能活跃着一群生动的面孔，可能掩藏着一段隐秘的历史。巴蜀符号集中了古蜀文明所有的神奇，它的解读将对我们了解神秘的古巴蜀王国文化起到决定性的作用，是我们揭开三星堆文化秘密的钥匙。

但现在的关键在于，我们必须拿到这把钥匙，并且掌握它的使用方法，使我们走进古蜀人的心灵，走进他们的生活，走进那个神秘的远古世界。

三星堆人与金沙人的关系

三星堆的发现让人震惊，金沙的发现也一样让人震惊。在震惊之余，我们会问这样一个问题，同样都为古蜀文明的创造作出了贡献，那三星堆人与金沙人有没有关系，又有些什么关系呢？

研究者由三星堆发现的两个埋藏坑中2000多件出土文物之精美，看到了三星堆高度发达的文明。"可是，距今3200年左右的商代晚期，生机盎然的三星堆文化发生突变，繁荣数百载的三星堆都城也一时化为废墟"。人们这样感叹也不是没有道理的，三星堆都城为何被废弃呢？

水灾说也许是研究者找到的一个最有力的理由。作为古蜀都城的三星堆，有可能是毁于一场大洪水。我们现在还能看到的3000年前的古城墙，也确实是被水冲得残破不堪了。不过这也不一定就是事实，因为我们还并不能知道是城垣废弃在前还是洪水冲击在先。

也许是外族入侵？或许是同族相伐？

等等这些理由，其实都找不到坚实的证据来作说明。不过我们可以先不管这些理由是什么，事实是三星堆城确实是在商周之际废弃了。但是古蜀国却并没有消亡，王子王孙们也该没有灭绝。后继的蜀王到何处建立了新的宫殿呢，新的都城又选址在哪里了呢？

金沙遗址的发现，让研究者似乎找到了答案。金沙所在的成都，无疑是古蜀又一处都城所在，因为在已经出土的金玉制品中，研究人员找到了不少与三星堆同类的王族用品，也发现了可能是宫殿的建筑基址。有点遗憾的是，在金沙还没有找到当时的古城垣，不过这并不影响学者们对遗址为都城的判断。

其实在成都地区，不仅发现有相当于三星堆时期的遗迹，也出土了大量三星堆文化器物，更发现了时代还要早得多的人类生存的证据，说明这个地区经历了三星堆文化和前三星堆文化时期的发展。正因为已经有了较好的发展基础，后来新都城才选定建在这个地方。这也即是说，金沙主体文化虽然在年代上要晚于三星堆，但也并不是在三星堆城废弃后才发展起来的。当然金沙的繁荣，也一定与建都有密切的关系。

汉代人刻画在石头上的黄帝像

同属于古蜀人，金沙并不能简单地看作是三星堆的迁徙与继续。古蜀人的都城，也许并不止三星堆和金沙两处，那么这两处都城是否在时间上完全衔接，我们也并不清楚。不过大体可以这样推断，金沙的王族和上层贵族，有可能是从三星堆迁来的王子王孙们。当然更多的金沙人，应当是祖辈生活在此的老资格的蜀人，他们虽然也是古蜀王的子民，但与三星堆人应当没有直接的关系。

华夏古帝王与古蜀的联系

上古的一些传说，将华夏古帝王与古蜀之地紧密联系到了一起，让我们想到在传说的五帝中，还不止一位是古蜀母亲所生养。

人文初祖黄帝，传娶"西陵之女，是为嫘祖"。西陵，有人指其地在今四川阿坝藏族羌族自治州松潘县叠溪，为岷江发源之所。传说嫘祖生二子，一为青阳（玄嚣），降居江水；二为昌意，降居若水。江水、若水皆为蜀地。

汉画像石上的大禹像（武梁祠大禹像）

黄帝子昌意生于蜀地，又娶蜀山氏。蜀山氏之子谓之昌仆氏，又生了颛顼。五帝中的颛顼，又生于蜀。

颛顼产伯鲧，鲧之子为大禹，传生于汶山郡广柔县，地在今四川北川县。

华夏的这几位前后相继的先祖，居然都是古蜀女子的后代，让我们对古蜀人肃然起敬。当然这都只是传说，不过也许这传说的背后，会有一些真实的故事。

如果有一天这些故事变成了真实的历史，我们再来回味这些传说，一定会咀嚼出别样的美滋味来。

后　记

　　三星堆近年重启发掘，又有了许多惊人的发现。在学界内外都非常关注古蜀文化的研究时，我们会很自然地想起成都金沙遗址的发现来。数年间，我断断续续地书写了数篇关于金沙考古的文章，能由巴蜀书社集结出版，对作者和读者都是件好事。只是因为时间所限，难免有所疏漏，请各位读者海涵。不过这次编印还是下了很大功夫，版式疏朗、灵活，清晰明了。感谢巴蜀书社的领导和编辑，也感谢三星堆和金沙埋藏了如此璀璨的宝藏。

王仁湘于京中寓所

2021年11月12日